TABELLÉGIE FRANÇAISE,

NOUVELLE MÉTHODE

De  Lecture 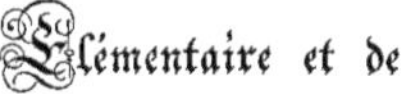 Élémentaire et de  Prononciation  Grammaticale,

EN TABLEAUX SYNOPTIQUES,

A L'AIDE DESQUELS ON PEUT CONDUIRE RAPIDEMENT LES PLUS JEUNES INTELLIGENCES
DES PREMIÈRES ET VÉRITABLES NOTIONS DE L'ART
AUX DIFFICULTÉS LES PLUS SÉRIEUSES.

DEUXIÈME ÉDITION, ENTIÈREMENT REFONDUE,

ET DIVISÉE EN DEUX PARTIES; CONTENANT,

L'UNE :

LES PREMIERS PRINCIPES LÉGIQUES,

AYANT POUR BASES :
1° LA SYLLABE, ABSTRACTION FAITE DE TOUTE APPELLATION ET ÉPELLATION DES LETTRES, ET VUE TANT SYNTHÉTIQUEMENT QU'ANALYTIQUEMENT;
2° UNE CLASSIFICATION DES SYLLABES DE NOTRE LANGUE,
AUSSI RIGOUREUSEMENT LOGIQUE QUE FACILE A SAISIR, ET PRÉSENTÉE SOUS UNE FORME NEUVE, PROGRESSIVE, AGRÉABLE;

L'AUTRE :

LA HAUTE LECTURE ÉLÉMENTAIRE,

DONNANT, AVEC DE NOUVEAUX APERÇUS ORTHOPHONIQUES, LES RÈGLES DE LA PRONONCIATION GRAMMATICALE LA PLUS CORRECTE;
Y COMPRIS CELLES RELATIVES AU CONTACT DES MOTS, TANT POUR LEURS LIAISONS QUE POUR LES REPOS A OBSERVER ENTRE EUX;
COMME ENCORE QUELQUES NOTIONS COMPLÉMENTAIRES.

LE TOUT SUBDIVISÉ EN SÉRIES DÉCENNAIRES,

PRÉSENTANT CHACUNE UN ENSEMBLE HOMOGÈNE, ET PRÉCÉDÉE D'UNE EXPLICATION SOMMAIRE;

APPUYÉ SUR DES EXEMPLES GRADUÉS PAR ORDRE DE DIFFICULTÉS,

ET AUGMENTÉ

D'UN GRAND TABLEAU SUPPLÉMENTAIRE

OFFRANT D'UN SEUL COUP-D'ŒIL, ET EN QUELQUE SORTE SUR UN AUTRE PLAN, LE RÉSUMÉ GÉNÉRAL DES PRINCIPES DE L'ART.

Par M. Edouard Colomb-Ménard,

MAGISTRAT DU RESSORT DE LA COUR ROYALE DE NISMES, MEMBRE DE PLUSIEURS COMITÉS D'INSTRUCTION, ETC.

OUVRAGE
HONORÉ DE PLUSIEURS SUFFRAGES ACADÉMIQUES.

Tabellaire-Atlas,

Extrait de l'Ouvrage complet in-4°, pour être affiché dans les Classes.

PREMIÈRE PARTIE.

Composée de huit feuilles, dont la 1re, la 2e et la 3e pour les Syllabes formant la 1re division, c'est-à-dire celles à Élémens-Voyelles simples; la 4e pour les Syllabes formant la 2e Division, c'est-à-dire celles à Voyelles-Voyelles (1° conjointes, 2° liées); la 5e pour les Syllabes à Voyelles longues et pour celles disjointes; la 6e et la 7e pour les Syllabes formant la 3e division, c'est-à-dire celles à Voyelles-Consonnes (1° imparfaites, 2° parfaites); enfin, la 7e *bis*, pour la lecture des Phrases.

Avec un petit Tableau curseur à jours, sur papier carton, séparé.

A PARIS ET DANS LES DÉPARTEMENTS,
DANS LES PRINCIPALES LIBRAIRIES CLASSIQUES.

1842.

Tabellégie Française.

2e ÉDITION.

Mettre en toutes lettres le nombre d'Exemplaires auxquels on souscrit.	**BULLETIN DE SOUSCRIPTION** à remplir, signer et mettre à la poste. *On est prié d'affranchir.*	Bâtonner sur ce Bulletin ce à quoi l'on ne veut pas souscrire.

Je soussigné

demeurant à Département d

déclare souscrire (pour payer seulement après réception et contre la remise du présent Bulletin):

1° A Exemplaire *in-octavo* (deuxième édition) de la **TABELLÉGIE** de M. COLOMB-MÉNARD, à raison de 4 fr. 75 c. chacun, Curseur à jours compris.

2° A Exemplaire du **TABELLAIRE** *in-folio plano*, à raison aussi de 4 fr. 75 c. chacun, avec un semblable Curseur.

3° A dizaine d'Exemplaires *brochés* du **MANUEL PRATIQUE**, *in*-8°, **A L'USAGE DES ÉLÈVES**, avec le onzième en sus, à raison de 5 fr. chaque dizaine.

4° A dizaine d'Exemplaires *cartonnés* du même **MANUEL**, le onzième en sus, à raison de 6 fr. 75 la dizaine.

5° A Exemplaire de la feuille supplémentaire offrant la synopsie des règles de la Lecture et de la Prononciation, à raison de un franc chaque Exemplaire de la feuille prise ainsi séparement.

6° Enfin, à Curseur à jours, pris aussi séparement, à raison de deux francs cinquante centimes les six pour cinq.

Le tout, conformément aux conditions du prospectus.

Fait à le du mois d 184

(Signature.)

A Monsieur

GIRAUD, *Éditeur de la* **TABELLÉGIE FRANÇAISE,**

Libraire de l'Académie et de l'Ecole Normale,

A NISMES (GARD).

TABELLÉGIE FRANÇAISE,

NOUVELLE MÉTHODE

DE LECTURE ÉLÉMENTAIRE ET DE PRONONCIATION GRAMMATICALE,

En Tableaux Synoptiques,

A L'AIDE DESQUELS ON PEUT CONDUIRE RAPIDEMENT LES PLUS JEUNES INTELLIGENCES
DES PREMIÈRES ET VÉRITABLES NOTIONS DE L'ART
AUX DIFFICULTÉS LES PLUS SÉRIEUSES.

Deuxième Edition, entièrement refondue,

ET DIVISÉE EN DEUX PARTIES ; CONTENANT,

L'UNE :

LES PREMIERS PRINCIPES LÉGIQUES,

Ayant pour bases : 1° La Syllabe, abstraction faite de toute appellation et épellation des Lettres, et vue tant synthétiquement qu'analytiquement ; 2° Une classification des Syllabes de notre Langue, aussi rigoureusement logique que facile à saisir, et présentée sous une forme neuve, progressive, agréable ;

L'AUTRE :

LA HAUTE LECTURE ÉLÉMENTAIRE,

Donnant, avec de nouveaux aperçus orthophoniques, les règles de la Prononciation grammaticale la plus correcte ; y compris celles relatives au contact des mots, tant pour leurs liaisons que pour les repos à observer entre eux ; comme encore quelques mots sur la respiration, les inflexions, l'accentuation prosodique, la lecture des chiffres et autres signes d'abréviations, etc.

LE TOUT SUBDIVISÉ

En séries décennaires, présentant chacune un ensemble homogène, et précédée d'une Explication sommaire ;

APPUYÉ SUR DES EXEMPLES GRADUÉS PAR ORDRE DE DIFFICULTÉS,

ET AUGMENTÉ

D'UN GRAND TABLEAU SUPPLÉMENTAIRE

Offrant d'un seul coup-d'œil, et en quelque sorte sur un autre plan, le résumé général des principes de l'art.

Par M. Edouard Colomb-Ménard,

MAGISTRAT DU RESSORT DE LA COUR ROYALE DE NISMES, MEMBRE DE PLUSIEURS COMITÉS D'INSTRUCTION, ETC.

OUVRAGE HONORÉ DE PLUSIEURS SUFFRAGES ACADÉMIQUES.

Ne dédaignez point comme minutieux les élémens alphabétiques ; car si vous scrutez leurs replis mystérieux, vous en verrez sortir une foule de questions subtiles, capables non-seulement d'exercer les enfans, mais d'embarrasser les esprits les plus savans et les plus profonds. QUINTILIEN.

A PARIS
ET DANS LES DÉPARTEMENS,
DANS LES PRINCIPALES LIBRAIRIES CLASSIQUES.

A NISMES,
CHEZ GIRAUD, ÉDITEUR, LIBRAIRE DE L'ACADÉMIE
ET DE L'ÉCOLE NORMALE.

1842.

PRIX :

L'ouvrage complet, un joli volume in-8°, contenant, savoir :

1° Le Manuel explicatif, c'est-à-dire, l'exposé du système et du plan général, quelques mots d'avertissement au maître, un essai d'explication en forme et de cours pratique et de questionnaire, quelques observations détachées, enfin, outre la table des matières placée en tête de l'ouvrage, un vocabulaire raisonné, pouvant servir tant de résumé que de table alphabétique ;

2° Le Tabellaire ou Atlas divisé en deux parties, dont chacune divisée elle-même en séries de dix pages, et terminé par un grand Tableau résumé :

Plus un petit Tableau régulateur ou curseur à jours, sur papier carton, séparé.. 4 75

Le Tabellaire séparé et mis in-folio-plano, pour être affiché dans les classes sur fort carton ou sur bois, 16 feuilles grand-raisin ; avec un semblable Curseur découpé.......................... 4 75

Le Manuel pratique à l'usage des élèves, un volume grand in-18, savoir :

Les dix exemplaires brochés, avec le onzième en sus.......... 5 «

Le onze-dix exemplaires cartonnés........................ 6 75

La seizième feuille du Tabellaire in-plano, contenant à elle seule un resumé général des règles de la lecture et de la prononciation ; prise séparément.. 1 «

Le Curseur à jours, pris séparément......................... » 50

ON SOUSCRIT A NISMES (Gard),

CHEZ GIRAUD, ÉDITEUR, LIBRAIRE DE L'ACADÉMIE ET DE L'ÉCOLE NORMALE.

Pour éviter autant que possible des frais de port aux souscripteurs, on les prie d'indiquer la voie par laquelle ils désirent recevoir l'ouvrage.

Les lettres de demande de plus d'un exemplaire in-8° ou in-folio-plano, et de plus d'une dizaine de l'in-18, n'ont pas besoin d'être affranchies.

Toute demande d'au moins six exemplaires in-8° ou in-folio-plano, ou de six dizaines in-18, sera servie franco.

EXTRAITS

DES RAPPORTS, PROCÈS-VERBAUX, ET OPINIONS DES JOURNAUX,

SUR LA TABELLÉGIE.

1° Sur la première Édition.

EXTRAIT DE LA *GAZETTE DU BAS-LANGUEDOC.*

(*27 Octobre* 1856, *N°* 566.)

Les rapports élogieux qui nous avaient été faits de la TABELLÉGIE, . M. E. COLOMB-MÉNARD fils, ancien Juge-Auditeur (*), que nous aimons à nommer notre compatriote, nous avaient fait désirer la communication du manuscrit.

Nous n'y avons point vu un de ces syllabaires sans idée philosophique, sans investigation dans les jeunes intelligences ; mais *une de ces œuvres qui décèlent un esprit d'observation et d'analyse*, *capable d'ouvrir à l'enseignement une route nouvelle*, *plus facile et plus sûre à tenir.*

Rien, en effet, ne nous a paru plus nouveau, plus ingénieux, plus méthodique, plus philosophique même, nous le répétons, que l'ouvrage de M. COLOMB-MÉNARD. *Rien ne paraît pouvoir mieux se plier à tout mode d'enseignement* (général ou particulier), ni contenir des principes plus vrais, plus complets et mieux à la portée de l'enfance, amenée par des gradations douces, des formes attrayantes et des leçons faciles à saisir, à la solution des principales difficultés.

Nous nous plaisons à croire que l'œuvre consciencieuse et éclairée de M. COLOMB-MÉNARD, *dont la supériorité sur les autres Méthodes nous paraît réelle*, fera faire des progrès à l'art de la lecture, notamment à la prononciation, dont les principes ne sont malheureusement que trop ignorés, quelquefois même par des hommes parlant en public.

Nous pressons donc de nos vœux la publication de la TABELLÉGIE, et la recommandons d'avance, tant aux pères de famille qu'aux maisons d'éducation, *comme moyen de faciliter la marche de leurs élèves dans l'enseignement ultérieur*, et de participer d'ailleurs au bienfait d'une œuvre philantropique.

EXTRAIT DU *JOURNAL DES ÉCOLES PRIMAIRES DU GARD.*

(*Numéro d'Octobre* 1857.)

Voici venir un Livre d'un incontestable mérite, et, ce qui vaut mieux, d'une utilité plus incontestable encore. Nous voulons parler de la TABELLÉGIE, que vient de faire paraître notre compatriote M. E. COLOMB-MÉNARD, avocat en ce moment à Carpentras.

Dans le déluge de Méthodes de tout genre où nous sommes plongés, il y avait du courage à en entreprendre une sur la Lecture élémentaire, et il ne fallait rien moins qu'une disposition d'esprit et un génie tout spéciaux, pour parvenir à trouver quelque chose de neuf et de bon dans une matière qui semblait abandonnée à la tyrannie de l'usage, et devoir faire le désespoir des méthodistes..

Dans une introduction neuve et philosophique, M. COLOMB enseigne d'abord à l'enfant, tout en jouant avec lui, à distinguer (dans ses paroles des pensées, des idées, des sons de voix. Passant aux signes écrits qui doivent indiquer chaque son de voix, il divise les syllabes en unilittères et en plurilittères ; puis, après avoir montré les premières dans une sorte de monument mnémonique, il fait voir, à l'aide d'un Tableau à jours, touchant les syllabes plurilittères dont le premier signe est une consonne, comment cette consonne se prononce en s'unissant à telle ou telle voyelle, suivant qu'elle se trouve dans telle ou telle case ; et comment encore, sa valeur n'étant que relative, cette même consonne ne signifie absolument rien quand aucune voyelle ne vient prendre place à côté d'elle, dans le vide qui lui est assigné. Il rejette ainsi, dès le principe, toute appellation, tant ancienne que moderne, pour résoudre, par ce moyen victorieux, le quasi-problème de la non-épellation.

(*) M. Colomb-Ménard a été plus tard rappelé dans la magistrature, d'où la loi abolitive de l'auditorat l'avait seule tenu momentanément éloigné.

De là, M. Colomb passe à une classification rigoureusement graduée des syllabes, et nous les présente dans l'ordre suivant : 1° syllabes à voyelles simples; 2° syllabes à voyelles unies à d'autres voyelles; 3° syllabes à voyelles unies à droite à des consonnes; 4° syllabes finales en contact avec les initiales. Esclave de cet ordre rationnel, il classe chaque règle dans le cadre subdivisionnel qui lui convient, la pétrit en quelque sorte à l'enfant, pour qu'il la digère sans difficulté aucune, et grâce, soit aux Tableaux synoptiques qui suivent ceux à monument, soit aux explications qui en sont données d'une manière aussi enfantine que substantielle, soit aux Exemples pratiques qui suivent chaque règle, il fixe dans l'intelligence de l'enfant, à la portée de laquelle il a eu l'habileté de descendre, non-seulement des jalons mnémoniques, mais des principes certains, nouveaux, faciles.

La Tabellégie est une méthode de lecture élémentaire complète : elle va jusqu'à traiter soit des repos non-indiqués par la ponctuation, soit des inflexions de la voix. Quant à la manière dont l'auteur coupe les syllabes, elle nous a paru hardie, mais nous n'osons la blâmer; car le plus souvent elle est, dans son ouvrage, l'indication d'une prononciation correcte, ou la conséquence de l'étymologie.

....

Nous considérons donc cet ouvrage comme un service rendu à l'Instruction primaire, et le recommandons spécialement à MM. les instituteurs.

EXTRAIT DU *MESSAGER DE VAUCLUSE.*

(26 *Novembre* 1837.)

M. Colomb-Ménard fils, l'un des membres distingués du Barreau de Carpentras, vient de faire paraître, sur la Lecture élémentaire, cette branche de l'enseignement si essentielle, et pourtant si négligée, un ouvrage vraiment remarquable : la Tabellégie.

Les Journaux qui en ont rendu compte, notamment celui des *Ecoles primaires du Gard*, rédigé par des hommes d'un talent spécial et reconnu, n'en ont parlé qu'avec éloge. Nous nous associons d'autant plus volontiers à eux, pour signaler la Tabellégie comme digne d'exciter à un haut degré l'intérêt des personnes vouées par état ou par affection à l'instruction du jeune âge, que les essais auxquels cette Méthode a été soumise ne peuvent laisser douter qu'elle ne soit destinée à un succès réel et durable. Deux attestations *écrites* que nous avons *vues* à ce sujet, faites, l'une par un *Directeur des Frères*, l'autre par un *Directeur de l'enseignement mutuel*, témoignent assez hautement de la bonté, et même, pour nous servir des expressions de l'un d'eux, *de l'infaillibilité de la Méthode entre les mains de tout instituteur ou père de famille qui voudra prendre la peine d'en étudier un peu le système avant de commencer son cours.*

En effet, M. Colomb a eu plus en vue l'élève que le maître; il n'a pas craint de donner un peu plus de peine à celui-ci, pour en épargner à celui-là. Il a voulu qu'un tout jeune enfant pût être, comme il le dit lui-même dans une exposition très-sensément écrite, *guidé sans effort d'une difficulté vaincue vers une difficulté à vaincre, de manière à lui bien faire comprendre où il pose le pied et où il va; à lui sauver l'ennui de la route, grâce à quelques fleurs répandues sur ses pas; et à soutenir chez lui le courage de marcher en avant, par la conscience du chemin déjà parcouru.* Il a voulu encore qu'un art, que plusieurs années d'usage enseignaient à peine et souvent fort mal, fût soumis à des règles positives, faciles et coordonnées entre elles, de telle sorte que l'enfant, sans s'apercevoir de leur nombre, pût dans très-peu de temps les classer sans la moindre peine, chacune dans un cadre particulier, comme une partie nécessaire et spéciale d'un tout où l'ordre est appelé à jeter une grande clarté.

Et d'abord, sentant bien que, pour l'enfant qui ne sait pas lire, les syllabes ne sont autre chose que des sons de voix indivisibles, et qu'il faut par conséquent lui enseigner à lire par syllabes et non par lettres, M. Colomb-Ménard, au moyen d'un procédé singulièrement ingénieux (celui d'un Tableau de consonnes ayant à côté de chacune d'elles un vide destiné aux voyelles à qui la règle permet d'y venir prendre place), renverse avec bonheur le système généralement répandu qu'il faut donner un nom aux lettres avant de savoir à quoi elles servent.

Lorsqu'il en vient ensuite à classer les syllabes, il le fait de telle sorte que l'esprit le plus simple, que la plus tendre intelligence se rend compte de tout. L'ordre, créé plutôt qu'adopté par lui, est tel que chacune des nombreuses règles de la lecture se trouve dans son livre avec la même facilité que sur une carte géographique se découvre le plus humble hameau. Chaque chose est à sa place, et dans cette place, les règles présentées successivement sous les formes mnémonique, synoptique et pratique, offrent un ordre de détails aussi parfait que celui de l'ensemble. La Tabellégie marche ainsi des premiers élémens jusqu'aux hautes difficultés de l'art, qu'il nous paraît difficile de mettre mieux à la portée de l'enfant. ....

La Tabellégie est, en résumé, une bonne fortune pour les pères de famille et pour les maisons d'éducation.

LETTRE ADRESSÉE A L'AUTEUR

PAR M. FOURTEAU, INSPECTEUR DE L'ACADÉMIE DE NISMES.

24 Décembre 1837.

Monsieur,

Comme je vous l'avais promis, j'ai examiné avec M. Moriau votre Méthode de Lecture, et j'ai lu le rapport au conseil académique qui l'a écouté avec un bienveillant intérêt. C'est avec une forte conviction que nous avons proposé des modifications qui ne peuvent qu'être fort avantageuses à la Tabellégie, que nous désirons bien sincèrement voir *en tête de toutes les Méthodes de Lecture.* Ce que vous avez fait jusqu'ici, Monsieur, nous donne la *certitude* que vous pouvez, en partant toujours de votre excellente idée première, nous donner quelque chose qui l'emportera *sur tout ce que nous avons jusqu'à ce jour* ....

Le rapport avec l'analyse de la Tabellégie sera envoyée, très incessamment, à M. le Ministre de l'Instruction publique.

Vous trouverez ci-incluse la copie que vous en avez désirée, ainsi que la lettre de M. le Recteur relativement à l'approbation du Conseil académique.

Je suis, avec les sentimens de la considération la plus distinguée, etc.

B. Fourteau.

EXTRAIT DU RAPPORT FAIT AU CONSEIL ACADÉMIQUE DE NISMES,

Dans sa Séance du 21 Décembre 1837.

« Chargés par M. le recteur d'examiner une nouvelle Méthode de Lecture, nommée Tabellégie, dont l'auteur est M. Colomb-Ménard, avocat, nous, M. B. Fourteau, inspecteur de l'académie de Nismes, et M. Moriau, proviseur du Collége royal, nous sommes livrés avec attention à l'examen de cette Méthode, et nous venons soumettre aujourd'hui au Conseil académique le résultat de notre travail. Avant de vous faire connaître notre opinion sur la Tabellégie, nous pensons, Messieurs, qu'il est nécessaire de vous en faire l'analyse, afin que vous puissiez, avec connaissance de cause, accorder ou refuser votre approbation. »

Suit ici une analyse détaillée, et prise à peu près en entier dans l'Exposé qui se trouve en tête de l'ouvrage.

Parlant après de la première impression produite sur eux par la grosseur du Volume et le nombre de Tableaux (*), MM. les rapporteurs ajoutent :

« Lorsque nous avons eu bien compris le point de départ de l'Auteur et le principe qui l'a dirigé, lorsque nous avons eu fait usage des divers Tableaux, nous avons reconnu qu'il fallait s'effrayer moins de la longueur apparente de tout ce qui appartenait proprement à la nouvelle Méthode de Lecture ; que les Tableaux se répètent en quelque sorte, et ne sont en grande partie qu'une espèce de récapitulation, qu'un retour sur les principes déjà posés, sur les leçons déjà données ; que la première idée, l'idée mère de la Méthode, se retrouvait partout, liait tout, animait et vivifiait tout l'ouvrage ; *que, par conséquent, un même principe servait de clef à toute la Méthode ; que ce principe était simple et accessible aux plus faibles intelligences ;* que presque toutes les règles, quoique fort nombreuses, étaient facilement saisies et devaient l'être par l'enfant ...... ; que les Exercices étaient gradués et conformes aux règles déduites des Tableaux précédens ; en un mot, nous avons reconnu que les principes de la simple Lecture des mots et ceux d'une Lecture intelligente, étaient simples, clairs, vrais et d'une application facile, lorsque du moins l'élève a une suffisante intelligence. »

MM. les rapporteurs croient ensuite devoir indiquer quelques modifications, dont certains détails leur paraissent susceptibles dans une nouvelle édition (**) ; ajoutant encore :

» Dans son état actuel, la Tabellégie est néanmoins fort simple pour les enfans ; il serait

---

(*) Volume et Tableaux considérablement réduits dans la seconde édition.

(**) Et que la seconde édition contient en effet.

à désirer qu'elle le fût même pour le Maître (*). Alors l'Auteur aurait la presque certitude que les Instituteurs et autant les pères et mères de famille qui veulent donner eux-mêmes à leurs enfans les premiers principes de Lecture, s'empresseraient d'adopter une Méthode qui nous paraît, à juste titre, mériter la préférence sur un grand nombre de Méthodes déjà connues.

» En nous résumant, nous dirons, Messieurs, que le principe sur lequel est fondée la Tabellégie est simple et vrai ; que la distinction première des Caractères de l'écriture en Caractères qui *seuls* disent quelque chose, et en Caractères qui *seuls* ne disent rien, est heureuse ; que le Tableau régulateur à jours est propre à attirer agréablement l'attention de l'enfant ; que les Tableaux et Exercices sont bien gradués et se développent insensiblement ; que les Règles sont placées de manière à ne point fatiguer l'enfant ; que la coupure des Mots est bonne, quoique quelquefois un peu originale ; que tout ce qui concerne le contact des Mots est bien présenté ; que ce que dit l'Auteur sur les repos, autres que ceux que marque la Ponctuation, est juste ; et enfin, que la classification des Mots à la fin de l'ouvrage et les Dictionnaires sont fort utiles.

» D'après ce que nous venons de dire, nous croyons devoir proposer au Conseil académique de témoigner à M. Colomb-Ménard, auteur de la Tabellégie, son bienveillant intérêt ; et nous faisons des vœux bien sincères pour que l'usage de cette Méthode, dont l'utilité nous paraît incontestable, s'introduise dans les écoles et dans les familles, bien convaincus que nous sommes qu'elle peut produire les plus heureux fruits. »

LETTRE ADRESSÉE A L'AUTEUR PAR M. LE RECTEUR DE L'ACADÉMIE DE NISMES.

23 Décembre 1837.

Monsieur,

Le Conseil académique, dans sa séance du 21 décembre 1837, a entendu avec le plus vif intérêt le rapport que lui a fait M. Fourteau, inspecteur de l'Académie, sur votre Méthode de lecture intitulée Tabellégie ; convaincu que les principes sur lesquels vous l'avez fondée sont clairs, simples et vrais, et que le plan que vous avez adopté peut captiver l'enfant en l'instruisant, le Conseil académique m'a chargé de vous exprimer sa satisfaction, et de vous faire connaître le désir qu'il a de vous voir perfectionner une Méthode qui présente déjà tant d'avantages réels.

Le Conseil académique a la confiance, Monsieur, que vous lirez avec attention les observations contenues dans le rapport ci-joint.

Recevez, Monsieur, l'assurance de la considération distinguée, etc.

Le Recteur de l'Académie de Nismes, Nicod.

LETTRE ADRESSÉE A L'AUTEUR

PAR M. LE PRÉSIDENT DU COMITÉ SUPÉRIEUR D'INSTRUCTION PRIMAIRE

DE L'ARRONDISSEMENT DE CARPENTRAS (VAUCLUSE),

Le 13 Février 1838.

Monsieur,

Désireux de se prononcer *en pleine connaissance de cause* sur la Tabellégie dont vous êtes l'auteur, et que vous lui aviez soumis par votre lettre du 9 décembre 1837, le Comité supérieur d'instruction primaire de cet arrondissement nomma, *dans sa séance du 11 janvier dernier*, une commission chargée de lui faire un rapport sur l'ouvrage, après examen de la Méthode, tant dans sa théorie que dans sa pratique.

Cette commission s'est empressée de remplir la tâche qui lui était confiée, et les résultats qu'elle a obtenus ont été des plus heureux.

En conséquence, le comité me charge, Monsieur, de vous en témoigner toute sa satisfaction, et de vous féliciter en son nom des progrès que votre ouvrage sera à même d'introduire dans l'instruction primaire, une fois adopté dans les écoles.

Conformément au désir du comité, j'ai l'honneur de vous faire envoi, sous ce pli, d'une expédition du rapport et de la délibération intervenue.

Veuillez agréer, Monsieur, etc.

Le Sous-Préfet de Carpentras, C. de Gérente.

(*) Comment ce qui est clair pour l'enfant peut-il ne l'être pas pour le maître ? Ne serait-ce pas que le maître dédaigne de se faire enfant ? Je sais bien que son intelligence n'est plus neuve ni docile comme celle de son élève, et que, loin de se débarrasser l'esprit de systèmes acquis, plus ou moins erronnés, il cherche trop souvent à justifier ou à condamner ce qu'il apprend par ce qu'il sait ou croit savoir déjà Mais que l'amour-propre ne se mette de moitié dans ses études que pour lui inspirer le désir de bien connaître lui-même ce qu'il veut enseigner aux autres; tout alors lui sera facile et fructueux ; c'est, au reste, sous l'impression de cette observation que l'auteur a revu son ouvrage.

EXTRAIT DU RAPPORT

FAIT AU COMITÉ SUPÉRIEUR D'INSTRUCTION PRIMAIRE DE CARPENTRAS,

Dans sa Séance du 8 Février 1838.

Le comité d'instruction primaire de cet arrondissement nomma, dans sa séance du 11 janvier dernier, les soussignés MM. L., principal du collége ; V., professeur de philosophie, et F., directeur de l'enseignement mutuel, à l'effet de lui faire un rapport sur la Tabellégie de M. Colomb-Ménard, après un essai pratique de la Méthode, sur plusieurs enfans de cinq à dix ans, de l'un et de l'autre sexe. Les membres de cette commission viennent aujourd'hui soumettre au comité le résultat de leur examen et de l'essai fait sous leurs yeux.

Avant toute chose, nous avons dû nous assurer de l'ignorance des sujets sur lesquels l'essai devait être fait. Nous devons à la vérité de dire que cette ignorance était complète : la moitié des enfans ne connaissait nullement les lettres ; l'autre moitié savait à peine le nom de quelques-unes. Il est bon aussi de constater que la plupart, appartenant à la classe ouvrière, ne savaient point parler le français et que plusieurs ne le comprenaient même presque pas.

C'est avec des élémens aussi ingrats que l'essai a commencé ....

Or, nous aimons à le dire, nous avons été plus qu'étonnés de la rapidité et de la solidité des résultats obtenus. Ils ont été au-delà de toute espérance ; et quoique nous eussions déjà parcouru l'Ouvrage et que nous l'eussions trouvé bon, nous ne pouvions pas nous attendre après quinze ou vingt jours, à voir tous ces petits enfans non-seulement syllaber sans épeler, lire même, lentement il est vrai, mais expliquer avec intelligence et clarté, quoique souvent en patois, pourquoi ils lisaient en français de telle ou telle manière, résoudre même déjà de graves difficultés.

Au reste, lors de l'examen général qui a eu lieu le 3 du courant, aucun des plus jeunes élèves n'a failli aux interrogations, quoiqu'elles aient duré pendant plus d'une heure. Il a été impossible de ne pas applaudir à leurs rapides succès.

Nous avons, d'un autre côté, examiné attentivement l'Ouvrage même, et nous sommes obligés de convenir qu'il est *d'une simplicité extrême,* que l'on ne s'attend certainement pas à trouver avant de s'être pénétré de l'idée mère de l'ouvrage, de laquelle nous ne saurions trop féliciter l'auteur. Le plan nous a paru *neuf, rationnel, ingénieux, progressif.*

Quant aux principes, ils sont *aussi simples et clairs, que vrais* ; et si, dès l'abord, ils nous avaient paru soumis à trop de règles, nous avons reconnu bientôt que c'était la faute de l'art, et non celle de l'Auteur. Ce n'est pas lui, en effet, qui a créé les difficultés de la Lecture ; il n'a que donné, pour les résoudre facilement, des règles qu'il a d'ailleurs généralisées autant que possible. Il y en a beaucoup dans son livre, mais nous n'en avons pas remarqué d'inutile. C'est parce qu'on ne connaît pas les règles qu'on lit mal, et un ouvrage qui donne les règles d'un art, doit les donner toutes, s'il se peut ; l'essentiel est de les classer et de les mettre à la portée des intelligences les plus rebelles. C'est ce que M. Colomb-Ménard a fait pour la Lecture.

Peut-être l'Ouvrage serait-il susceptible de légères améliorations (*) ....

Mais tout cela ne fait rien à la Méthode en elle-même, qui nous paraît mériter d'être mise *en tête de toutes celles que nous connaissons.*

Nous n'avons pas cru devoir donner ici une analyse détaillée de la Tabellégie, puisqu'il s'agit principalement de constater les *résultats de sa mise en pratique.* Or, cet essai a été *il ne se peut plus heureux* ; nous désirons *que le témoignage que nous rendons ici authentiquement, contribue à la faire adopter généralement, car nous la considérons comme une œuvre à la fois philosophique et consciencieuse, analytique et complète, originale et féconde en résultats positifs*

Nous croyons donc devoir proposer au comité de témoigner à M. Colomb-Ménard *sa pleine satisfaction,* de dresser procès-verbal du *brillant succès* que l'essai de sa Méthode a obtenu, et d'envoyer copie de la délibération et du présent rapport, tant à M. le recteur de l'académie du ressort qu'à M. le ministre de l'instruction publique.

(*) L'auteur a fait droit, dans la seconde édition, aux justes observations que contenait le rapport à cet égard.

EXTRAIT DU PROCÈS-VERBAL DE LA SÉANCE DU COMITÉ DE CARPENTRAS,

Du 8 Février 1838.

....

Ouï ce rapport, duquel il résulte qu'après un examen attentif de l'ouvrage et un essai pratique de la Méthode sur plusieurs enfans, de cinq à dix ans, de l'un et l'autre sexe, les membres de cette commission déclarent que cet essai a été il ne se peut plus heureux, sont persuadés que, mise en pratique, cette Méthode, qui leur paraît devoir être placée en tête de toutes celles connues, serait féconde en résultats positifs, et propose, en conséquence, au comité, de témoigner sa pleine satisfaction à M. Colomb-Ménard, de dresser procès-verbal du brillant succès que l'essai a obtenu, et d'envoyer copie de ce procès-verbal ainsi que de leur rapport, tant à M. le recteur de l'académie du ressort qu'à M. le ministre de l'instruction publique;

Attendu que, désireux aussi de voir *par lui-même* les heureux résultats produits par cette Méthode, le comité a demandé que quelques-uns des élèves sur lesquels l'essai a été fait, fussent amenés devant lui.... et que quelques jeunes filles ayant été introduites et interrogées sur plusieurs difficultés de lecture et surtout de prononciation, elles les ont très heureusement résolues.

Après examen, le comité a repris sa délibération, et en l'absence de M. Colomb-Ménard, qui s'était retiré, il a été décidé *à l'unanimité* que le rapport sur la Tabellégie était adopté et approuvé *dans toutes ses parties*, et que, conformément à ses conclusions, M. le président serait chargé de témoigner à M. Colomb-Ménard toute la satisfaction du comité, et que copie de ce rapport et de la présente délibération serait envoyée, tant à M. le recteur de l'académie du ressort, qu'à M le ministre de l'instruction publique.

LETTRE ÉCRITE A L'AUTEUR

PAR MADAME LA SUPÉRIEURE GÉNÉRALE DES DAMES DE LA CONCEPTION,

DU DÉPARTEMENT DE VAUCLUSE.

16 *Mars* 1838.

Monsieur,

Je m'empresse de vous annoncer que Mgr. l'archevêque, sur le rapport qui lui a été fait de votre excellente Méthode de Lecture, vient de nous autoriser à l'adopter généralement dans nos classes, sauf telle autre approbation qu'il appartiendra.

En conséquence, nous allons ouvrir dans chacun de nos établissemens un cours de lecture d'après la Tabellégie.

Il m'est, du reste, Monsieur, très-agréable de trouver une occasion de vous assurer *combien nous sommes satisfaites des succès que nous avons obtenus dans nos essais*, et de vous présenter l'assurance des sentimens respectueux avec lesquels, etc.

EXTRAIT DU *JOURNAL DES DÉBATS*,

Du 31 Mai 1838.

M. Colomb-Ménard fils, de Nismes, vient de publier, sous le titre de Tabellégie, une Méthode fort ingénieuse et très simple en même temps, pour apprendre à lire aux enfans. Nous ne saurions trop louer cet ouvrage, que plusieurs comités d'enseignement et conseils d'arrondissement ont jugé digne de toute leur approbation et recommandé aux instituteurs.

EXTRAIT DE LA *GAZETTE DE FRANCE*,

Du 16 Juillet 1838.

La Tabellégie, que vient de publier M. Colomb-Ménard, ancien juge-auditeur, est un de ces livres utiles et à idées neuves que l'on ne saurait laisser passer inaperçus. Bien que ce ne soit qu'un simple traité de lecture élémentaire (chose, au reste, bien plus difficile a enseigner qu'on ne le croit généralement), nous aimons à le signaler à l'attention comme aussi ingénieux et rationnel que simple et complet. La manière presque attrayante dont les saines règles de la lecture y sont présentées et classées, la pensée philosophique qui y domine font d'ailleurs de cette Méthode...... un ouvrage à part bien digne assurément de l'approbation toute particulière dont plusieurs comités d'instruction l'ont déjà honoré.

EXTRAIT DU *JOURNAL DES VILLES ET CAMPAGNES*,

Du 1er Septembre 1838.

La première chose et la plus difficile à enseigner à l'enfance c'est, sans contredit, la lecture. Déjà, nous devons le dire, bon nombre d'auteurs étaient entrés dans la voie du progrès, et nous pourrions signaler plusieurs bonnes Méthodes, parmi celles qui ont eu l'honneur de l'approbation de l'université; mais dans aucune la matière n'est traitée sous un point de vue aussi étendu et aussi attrayant que dans l'ouvrage que vient de publier M. E. COLOMB-MÉNARD, ancien juge-auditeur, la TABELLÉGIE, Méthode toute rationnelle et véritablement ingénieuse.

C'est un livre neuf, soit par son idée mère, soit par l'ordre dans lequel les matières y sont classées, comme aussi par la manière dont elles y sont traitées. Quelques légères taches de détail, faciles du reste à faire disparaître, ne l'empêcheront pas d'être considéré comme le *code de Lecture élémentaire le plus complet, le plus simple et le mieux divisé que nous ayons encore.*

Plusieurs comités d'instruction en ont fait un haut éloge; M. le ministre de l'instruction publique vient lui-même de décider, après examen en conseil royal, que le comité de surveillance de l'école normale de Versailles serait chargé d'en faire l'application, après quelques légers changemens indiqués à l'auteur.

LETTRE ADRESSÉE A L'AUTEUR PAR M. LE MINISTRE DE L'INSTRUCTION PUBLIQUE.

Paris, 10 juillet 1838.

Monsieur,

J'ai examiné, en séance du Conseil royal de l'instruction publique, l'ouvrage intitulé: TABELLÉGIE.... que vous avez présenté à l'adoption universitaire, en sollicitant les moyens de faire une épreuve de vos procédés dans un Etablissement public.

La Commission de surveillance de l'Ecole Normale Primaire de Versailles, sera chargée de faire l'essai de votre Méthode; mais cet essai n'aura lieu qu'après la suppression des passages relatifs à vos idées de mariage, de divorce et de veuvage des lettres. Ces formes ne sauraient être approuvées dans un livre ou tout doit être traité *gravement* (*). Vous aurez aussi à faire disparaître certaines phrases d'exemples, telles que celles-ci: .... (**).

Recevez, Monsieur, l'assurance de ma parfaite considération.

Le Ministre de l'instruction publique, Grand-Maître de l'Université,

SALVANDY.

2° Sur le Manuscrit de la deuxième Edition.

RAPPORT DE M. L'INSPECTEUR FOURTEAU.

A M. LE RECTEUR DE L'ACADÉMIE DE NISMES, SUR LE MANUSCRIT DE LA 2e ÉDITION.

Nismes, 11 avril 1839.

Monsieur le Recteur,

Dans le mois de novembre 1837, je fus chargé par vous d'examiner une nouvelle Méthode de Lecture et de Prononciation, intitulée TABELLÉGIE, que vous avait soumise

---

(*) Cette suppression a eu lieu, mais seulement comme hommage de concession au désir de M. le Ministr. L'auteur regrette, en effet, ces formes enfantines dans un livre d'où il lui semblait au contraire qu'on devait bannir toute *gravité*; l'enfance ne l'aimant guère, et l'expression, par exemple, de *voyelles mariées*, ne paraissant pas offrir à la première et si heureuse ignorance aucune idée moins décente que celle de *voyelles conjointes* qui est plus en usage.

(**) Cette suppression a encore eu lieu dans le but de châtier, autant que possible, le choix des exemples quelque difficiles à trouver qu'ils fussent dans les premières leçons, puisqu'ils ne devaient être composés que de syllabes déjà vues.

Au reste, d'autres observations, ayant plus directement trait au système et au mode d'application, ayant été faites à l'auteur, il a profité de toutes celles qu'il a crues justes, et c'est à cause de l'entière révision de son ouvrage, et du retard apporté dans la réimpression, qu'il n'a pu user de la faculté que le Conseil royal avait daigné lui accorder; faculté que l'essai authentique, fait à Carpentras, a d'ailleurs rendu sans objet (*Voir le rapport et la décision qui le constatent.*)

M. Colomb-Ménard. Mon rapport au Conseil académique fut communiqué à l'auteur.

Depuis cette époque, M. Colomb-Ménard, profitant des observations du Conseil académique de Nismes et de celles de M. Rendu, membre du Conseil royal de l'instruction publique, chargé de l'instruction primaire, a, pour ainsi dire, refondu tout son ouvrage.

Par un mûr examen de son nouveau manuscrit, je me suis convaincu que de nombreuses et très importantes améliorations avaient été faites et que la TABELLÉGIE présentait bien mieux maintenant des principes simples et clairs, ainsi que l'ordre logique qui convient à toute bonne méthode. Aussi, je n'hésite pas à dire que la TABELLÉGIE ne cède en rien à aucune autre Méthode de Lecture, et qu'elle est même beaucoup plus complète que toutes celles qui ont paru jusqu'à ce jour.

Afin que vous puissiez, M. le Recteur, avoir une idée des changemens qui ont été opérés, je vais vous en indiquer la plupart en peu de mots :

1° Révision du plan général, et division de l'ouvrage en deux parties : La première comprenant la lecture la plus élémentaire fondée sur la non-appellation des lettres et sur une classification rationnelle des syllabes de notre langue; la deuxième, la haute lecture élémentaire basée sur l'intelligence des règles de la bonne prononciation grammaticale, et contenant plusieurs nouveaux aperçus phoniques ;

2° Subdivisions par séries de dix numéros, formant chacune un tout précédé d'une explication sommaire ;

3° Réunion dans une série supplémentaire, à la fin de la première partie, des exercices pratiques pour la lecture des phrases dont le choix est maintenant mieux fait et plus sévère ;

4° Une règle sûre et facile pour la coupure des mots en syllabes ;

5° Suppression de tous les exercices orthographiés selon la prononciation, ainsi que de toutes les expressions ayant trait au mariage des lettres, que l'auteur semble pourtant regretter ;

6° Retranchement de plusieurs pages-tableaux ; addition de certaines autres ; rectification de celles conservées ;

7° Addition, en tête de chacune d'elles, d'un titre particulier ; et, au bas, de plusieurs mots pour exemples ;

8° Ordre plus convenable dans le Tableau régulateur à jours ;

9° Refonte de l'explication en forme de cours pratique, rendue plus concise et plus claire;

10° Addition d'une table des matières au commencement, et révision du vocabulaire final pouvant servir de Table alphabétique ;

11° Addition d'un grand tableau contenant, à lui seul et sous une nouvelle face tabellégique, un résumé synoptique général de toute la méthode ;

12° Réduction des grands tableaux de l'Atlas in-folio, de 41 à 16 ;

13° Réduction des huit cahiers in-16 (destinés aux élèves) en un seul cahier in-18, mieux calqué sur l'ouvrage dont il est en quelque sorte le relevé, sauf les explications ;

14° Réduction du format grand in-8°, à l'in-8° ordinaire ; et du nombre de pages, de près de la moitié ;

15° Enfin, réduction dans le prix, savoir : pour l'in-8° et l'in-folio, de près de moitié ; et pour l'in-18, des 3/4.

D'après toutes ces améliorations, j'ai l'honneur de vous demander, M. le Recteur, que vous accordiez votre approbation à l'ouvrage de M. Colomb-Ménard, et que vous donniez un avis favorable afin qu'il soit approuvé par le Conseil royal de l'instruction publique.

Je suis, avec des sentimens respectueux, etc.

B. FOURTEAU.

APPROBATION A SUITE DU RAPPORT PRÉCÉDENT.

Le Recteur de l'Académie, après avoir lu le rapport de M. l'inspecteur Fourteau et avoir pris par lui même une connaissance détaillée du nouveau manuscrit de la TABELLÉGIE de M. Colomb-Ménard, pense que cette méthode de lecture est très propre à assurer les progrès des élèves à cause de la simplicité des règles, de l'ordre logique des idées et du choix intelligent des exemples.

Le Recteur ne peut donc qu'accorder avec empressement son suffrage à l'ouvrage de M. Colomb-Ménard.

Nismes, le 13 avril 1838.

NICOD.

NISMES — Typ. BALLIVET ET FABRE.

Specimen.

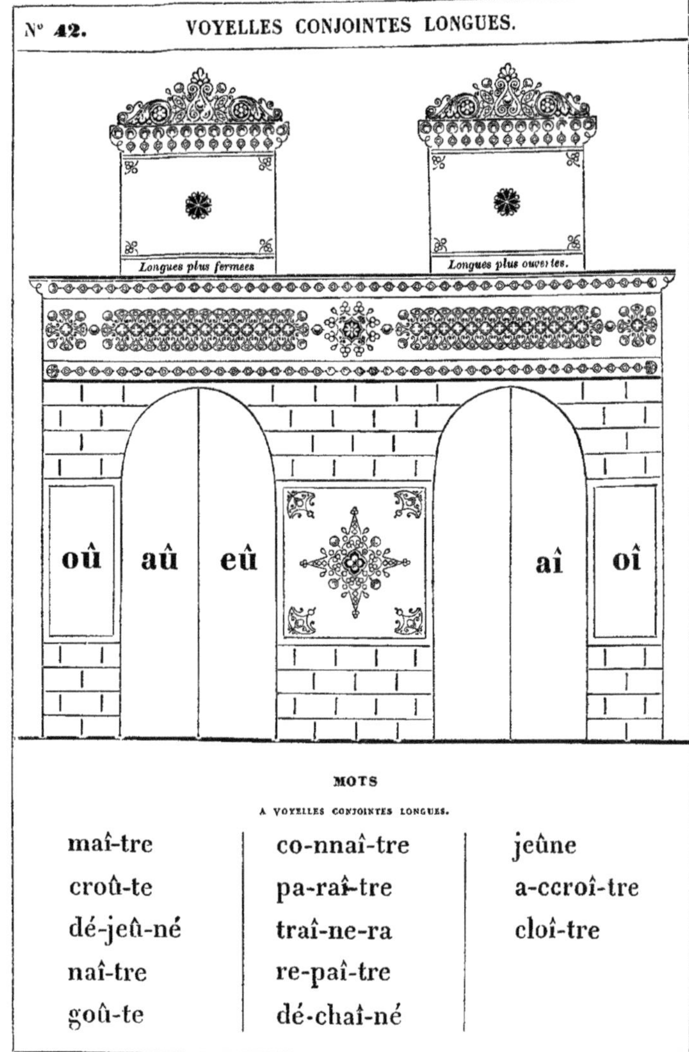

N° 42. VOYELLES CONJOINTES LONGUES.

MOTS

A VOYELLES CONJOINTES LONGUES.

maî-tre	co-nnaî-tre	jeûne
croû-te	pa-raî-tre	a-ccroî-tre
dé-jeû-né	traî-ne-ra	cloî-tre
naî-tre	re-paî-tre	
goû-te	dé-chaî-né	

Autre Specimen.

N° 90. DIVISION ORGANIQUE DES CONSONNES.

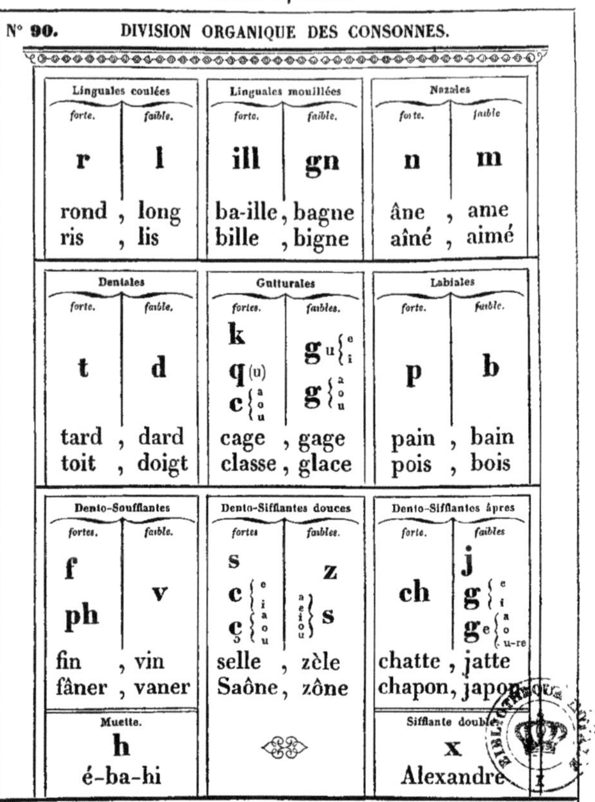

Groupe	forte	faible	Exemples
Linguales coulées	r	l	rond, long ; ris, lis
Linguales mouillées	ill	gn	ba-ille, bagne ; bille, bigne
Nazales	n	m	âne, ame ; aîné, aimé
Dentales	t	d	tard, dard ; toit, doigt
Gutturales	k ; q (u) ; c {a, o, u}	gu {e, i} ; g {a, o, u}	cage, gage ; classe, glace
Labiales	p	b	pain, bain ; pois, bois
Dento-Soufflantes	f ; ph	v	fin, vin ; fâner, vaner
Dento-Sifflantes douces	s ; c {e, i} ; ç {a, o, u}	z ; {a, e, i, o, u} s	selle, zèle ; Saône, zône
Dento-Sifflantes âpres	ch	j ; g {e, i} ; ge {a, o, u-re}	chatte, jatte ; chapon, japon
Muette.	h		é-ba-hi
Sifflante double.	x		Alexandre

Les Consonnes, considérées sous le rapport de l'organe qui les produit, se divisent en linguales, nazales, dentales, *etc., suivant que ce sont la langue, le nez, les dents qui agissent, et se subdivisent ensuite en* fortes *et en* faibles, *suivant que le même organe est mis plus ou moins fortement en jeu. C'est ainsi que* r *est la forte de* l; t *de* d, *ainsi de suite.*

Ces distinctions, quoique très utiles, appartiennent cependant plus à l'acoustique du langage qu'à la lecture proprement dite. On ne doit donc signaler ce numéro aux Elèves, que comme un jalon auquel leur intelligence pourra rattacher plus tard leurs observations personnelles.

Nismes. — Typ. BALLIVET et FABRE,
rue de l'Hôtel-de-Ville, 11.

TABELLÉGIE. — Ire PARTIE. — PREMIERS PRINCIPES ET CLASSIFICATION SYLLABIQUE.

1re Grande Division : Syllabes à Voyelles simples.

(1re feuille du Tabellaire en Atlas.) — Les Voyelles simples sont celles d'un seul son (*Monophtongues*) et d'une seule Lettre (*Unilittères*). — (1re Feuille de la 1re Partie.)

Nº 1. SIGNES DE LECTURE USITÉS.

1º SIGNES PRINCIPAUX.

Lettres.

A a	B b	C c	D d	E e
F f	G g	H h	I i	J j
K k	L l	M m	N n	O o
P p	Q q	R r	S s	T t
U u	V v	X x	Y y	Z z

2º SIGNES AUXILIAIRES.

Signes d'accentuation.

é | è | ê | ë

Signes de ponctuation.

, | ; | . | : | ..... | ! | ?

Signes divers.

' | ( ) | [ ] | « » | * | ç | - | —

3º SIGNES ABRÉVIATIFS.

Nº 2. VOYELLES SIMPLES.

à

a | o | u | i | e | é | è

e | | | y | | e | e

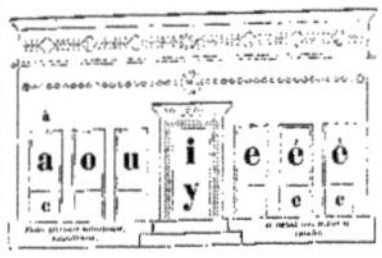

EXERCICE PRATIQUE.

a, o, u, i, y, e, é, è, u, a,
i, o, e, i, è, y, é, e, o, a,
é, i, è, u, i, a, i, u, é, e,
è, a, o, y, u, o, y, e, è, é.

Nº 3. E (E SON ACCENTUÉ), DISPOSÉ POUR LE TABLEAU A JOURS.

e e e e e

e

e e ue ue e e

e e e e
e e e e e e

e

Nº 4. É (É FERMÉ), DISPOSÉ POUR LE TABLEAU A JOURS.

é é é é é

é

é é ué ué é é

é é é é
é é é é é é

é

Nº 5. È (È OUVERT), DISPOSÉ POUR LE TABLEAU A JOURS.

è è è è è

è

è è uè uè è è

è è è è
è è è è è è

è

Nº 6. I (I SIMPLE), DISPOSÉ POUR LE TABLEAU A JOURS.

i i i i i

i

i i ui ui i i

i i i i
i i i i i i

i

Nº 7. Y (I GREC), DISPOSÉ POUR LE TABLEAU A JOURS.

y y y y y

y

y y y y

y y y y
y y y y y y

y

Nº 8. A, DISPOSÉ POUR LE TABLEAU A JOURS.

a a a a a

a

a a ua a a a

a

a a a a
a a a a ea

a

Nº 9. O, DISPOSÉ POUR LE TABLEAU A JOURS.

o o o o o

o

o o uo o o o

o

o o o o
o o o o eo

o

Nº 10. U, DISPOSÉ POUR LE TABLEAU A JOURS.

u u u u u

u

u u u u u u

u

u u u u
u u u u eu

u

Explication sommaire des nos 1 à 10.

Nº 1.

Nº 2.

RETOUR SUR LE Nº 1.

Nº 3 A 10.

TABLEAU CUBIQUE A JOURS.

TABELLÉGIE. — Ire PARTIE. — PREMIERS PRINCIPES ET CLASSIFICATION SYLLABIQUE.

Suite de la 1re Division : Syllabes à Voyelles simples.

N° 11. CONSONNES SIMPLES.

r	l			n	m
t	d	k q c	g	p	b
f	v	s c ç	z s		j g
h					

N° 12. CONSONNES CONJOINTES.

			gn		
ph				ch	

N° 13. SYLLABES FORMÉES PAR LE FRAPPEMENT DES CONSONNES SUR L'E SANS ACCENTS.

re	le		gue	ne	me
te	de	ke que c	gue	pe	be
fe phe	ve	se ce ç	ze -se	che	je ge
he					

N° 14. FRAPPEMENT DES CONSONNES SUR L'É FERMÉ.

ré	lé		gué	né	mé
té	dé	ké qué c	gué	pé	bé
fé phé	vé	sé cé ç	zé -sé	ché	jé gé
hé					

N° 15. FRAPPEMENT DES CONSONNES SUR L'È OUVERT.

rè	lè		guè	nè	mè
tè	dè	kè què c	guè	pè	bè
fè phè	vè	sè cè ç	zè -sè	chè	jè gè
hè					

[illegible]

RECOURS AUX LES N° 12 ET 11 POUR L'APPLICATION DES CONSONNES, AUX EXERCICES SUIVANTS DES N° 13 À 20.

[illegible]

EXERCICE PRATIQUE (N° 13).

je, re, le, ne, me, de, te, pe, be,
ke, he, fe, ve, ce, ge, se, u-se, è-se,
i-se, o-se, u-se, que, gue, phe, che, gne;

r, l, n, m, t, d, p, b, k, f, v, j, z,
q, — c, g, s, — ph, ch, gn, — h.

EXERCICE PRATIQUE (N° 14).

Mots de deux Syllabes.	Mots de trois Syllabes.	Mots de quatre Syllabes.
é—té	é—le—vé	é-che-ve-lé
le—vé	hé—bé—té	
je—té	ré—pé—té	
u—sé	a—me—né	

EXERCICE PRATIQUE (N° 15).

Mots de deux Syllabes.	Mots de trois Syllabes.	Mots de quatre Syllabes.
pè—re	re—mè—de	ré-gé-nè-re
mè—re	I—sè—re	
	é—lè—ve	
	Hé—lè—ne	

[illegible]

N° 16. FRAPPEMENT DES CONSONNES SUR L'I ORDINAIRE.

ri	li		gui	ni	mi
ti	di	ki qui c	gui	pi	bi
fi phi	vi	si ci ç -ti	zi -si	chi	ji gi
hi					

N° 17. FRAPPEMENT DES CONSONNES SUR L'Y (I GREC).

ry	ly		gny	ny	my
ty	dy	ky q c	g	py	by
fy phy	vy	sy cy ç	zy -sy	chy	jy gy
hy					

N° 18. FRAPPEMENT DES CONSONNES SUR L'A.

ra	la		gna	na	ma
ta	da	ka qua ca	ga	pa	ba
fa pha	va	sa c ça	za -sa	cha	ja gea
ha					

N° 19. FRAPPEMENT DES CONSONNES SUR L'O.

ro	lo		gno	no	mo
to	do	ko quo co	go	po	bo
fo pho	vo	so c ço	zo -so	cho	jo geo.
ho					

N° 20. FRAPPEMENT DES CONSONNES SUR L'U.

ru	lu		gnu	nu	mu
tu	du	ku qu cu	gu	pu	bu
fu phu	vu	su c çu	zu -su	chu	ju geu.
hu					

EXERCICE PRATIQUE (N° 16).

Mots de deux Syllabes.	Mots de trois Syllabes.	Mots de quatre Syllabes.
mi—di	vé—ri—té	A-mé-li-e
fi—gue	a—mi—e	fé-li-ci-té
si—gne	mi—sè—re	A-mé-ri-que
ti—ge	li—gué—e	i-ni-ti-é

EXERCICE PRATIQUE (N° 17).

Mots de deux Syllabes.	Mots de trois Syllabes.	Mots de quatre Syllabes.
cy—gne	Cy—ri—le	my-o-pi-e
ly—re	Cy—ti—se	my-ri-a-de
	Sy—ri—e	
	phy—si—que	

EXERCICE PRATIQUE (N° 18).

Mots de deux Syllabes.	Mots de trois Syllabes.	Mots de quatre Syllabes.
pa—pa	ma—da—me	a-va-le-ra
pa—pe	ca—ba—ne	ma-la-di-e
pa—vé	qua—li—té	py-ra-mi-de
va—se	ta—pa—ge	ha-bi-le-té

EXERCICE PRATIQUE (N° 19).

Mots de deux Syllabes.	Mots de trois Syllabes.	Mots de quatre Syllabes.
cho—se	mo—dè—le	so-ci-é-té
Zo—é	é—co—le	chi-co-ré-e
ro—be	pa—ro—le	phi-lo-so-phe
geô—le	Ho—mè—re	i-so-lé-e

EXERCICE PRATIQUE (N° 20).

Mots de deux Syllabes.	Mots de trois Syllabes.	Mots de quatre Syllabes.
cu—ré	fi—gu—re	hu-mi-di-té
re—çu	ro—gnu—re	di-mi-nu-é
bu—se	mo—ru—e	ha-bi-tu-de
Nu—ma	ga—geu—re	

Explication sommaire des N° 11 à 20.

OBSERVATION GÉNÉRALE ESSENTIELLE.

Les N° 11 et 12 contiennent les mêmes lettres que le Tableau à jours, et ces Lettres se reproduisent à la même place dans chacun des autres Numéros jusqu'à 20. [illegible]

En résumé, que le Tableau à jours soit ou ne soit pas appliqué ici, peu importe, il y a la même chose. On peut donc à la rigueur apprendre à syllaber sans ce régulateur.

N° 11 et 12.

Impossible de syllaber ni l'un ni l'autre de ces deux Numéros, puisqu'il n'y a que des Consonnes sans Voyelles; ou mieux, qu'il n'y a rien à syllabiquement parler. [illegible]

[illegible]

N° 13.

[illegible]

N° 14.

[illegible]

N° 15.

[illegible]

OBSERVATION ESSENTIELLE SUR L'E SON ACCENTUÉ FINAL.

[illegible]

N° 16.

[illegible]

N° 17.

[illegible]

N° 18.

[illegible]

N° 19.

[illegible]

N° 20.

[illegible]

TABELLÉGIE. — Ire PARTIE. — PREMIERS PRINCIPES ET CLASSIFICATION SYLLABIQUE.

Suite de la 1re Division : Syllabes à Voyelles simples.

(2e Feuille du Tabellaire ou Atlas.) (2e Série de la 1re Partie.)

N° 21. RELEVÉ DES SYLLABES A CONSONNES SIMPLES ET DE CELLES A CONSONNES CONJOINTES.

	e	é	è	i	y	a	o	u
h	he	hé	hè	hi	hy	ha	ho	hu
r	re	ré	rè	ri	ry	ra	ro	ru
l	le	lé	lè	li	ly	la	lo	lu
n	ne	né	nè	ni	ny	na	no	nu
m	me	mé	mè	mi	my	ma	mo	mu
t	te	té	tè	ti	ty	ta	to	tu
d	de	dé	dè	di	dy	da	do	du
p	pe	pé	pè	pi	py	pa	po	pu
b	be	bé	bè	bi	by	ba	bo	bu
v	ve	vé	vè	vi	vy	va	vo	vu
f	fe	fé	fè	fi	fy	fa	fo	fu
ph	phe	phé	phè	phi	phy	pha	pho	phu
ch	che	ché	chè	chi	chy	cha	cho	chu
gu	gue	gué	guè	gui	guy	gua	guo	guu

N° 22. SUITE DU RELEVÉ.

	e	é	è	i	y	a	o	u
j	je	jé	jè	ji	jy	ja	jo	ju
g	ge	gé	gè	gi	gy	»	»	»
ge	»	»	»	»	»	gea	geo	geu
g	»	»	»	»	»	ga	go	gu
gu	gue	gué	guè	gui	»	»	»	»
k	ke	ké	kè	ki	ky	ka	ko	ku
q(u)	que	qué	què	qui	»	qua	quo	qu
c	(cue, ...)	»	»	»	»	ca	co	cu
c	ce	cé	cè	ci	cy	»	»	»
ç	»	»	»	»	»	ça	ço	çu
t	»	»	»	ti	»	»	»	»
s	se	sé	sè	si	sy	sa	so	su
z	ze	zé	zè	zi	zy	za	zo	zu
s	s-se	s-sé	s-sè	s-si	s-sy	s-sa	s-so	s-su

N° 23. MÊME RELEVÉ MNÉMONIQUE.

	e	é	è	i	y	a	o	u

N° 24. CONSONNES LIÉES : 1° AVEC LA CONSONNE MUETTE H (ASP.)

rh	lh			nh
th	dh	(ch)	gh	
	vh			

MOTS A CONSONNES LIÉES AVEC LA MUETTE H.

rhu—me	ca-tho-li-que	Thé-o-phi-le
Ca—the—ri—ne	da-hli-a	
Thé—rè—se	phi-a-ma-la	Za-cha-ri-e*
mé—tho—de	rhé-to-ri-que	é-cho*
a—dhé—ré	A-tha-na-sa	cho-lé-ra*

N° 25. RELEVÉ DES SYLLABES A CONSONNES LIÉES AVEC H.

	e	é	è	i	y	a	o	u
r	re	ré	rè	ri	ry	ra	ro	ru
rh	rhe	rhé	rhè	rhi	rhy	rha	rho	rhu
t	te	té	tè	ti	ty	ta	to	tu
th	the	thé	thè	thi	thy	tha	tho	thu
d	de	dé	dè	di	dy	da	do	du
dh	dhe	dhé	dhè	dhi	dhy	dha	dho	dhu
g	gue	gué	guè	gui	guy	ga	go	gu
gh	ghe	ghé	ghè	ghi	ghy	gha	gho	ghu
k	ke	ké	kè	ki	ky	ka	ko	ku
(ch)	(che)	(ché)	(chè)	(chi)	(chy)	(cha)	(cho)	(chu)
l	le	lé	lè	li	ly	la	lo	lu
lh	lhe	lhé	lhè	lhi	lhy	lha	lho	lhu
v	ve	vé	vè	vi	vy	va	vo	vu
vh	vhe	vhé	vhè	vhi	vhy	vha	vho	vhu

N° 26. CONSONNES LIÉES : 2° AVEC L'UNE DES DEUX COULÉES R ou L.

		cl chl	gl	pl	bl
tr	dr	cr chr	gr	pr	br
fl phl					
fr phr	vr				

MOTS A CONSONNES LIÉES AVEC UNE COULÉE.

1° avec l.

mi-ra-cle	plu-mu-ge	clé
vi-gno-ble	chlo-re	blé
cha-ri-ta-ble	pla-ce	é-gli-se
glu	gla-ne	é-ta-ble

2° avec r.

tri-ni-té	su-cre	chry-sa-li-de
bro-de-ri-e	li-vre	phra-se
ca-pri-ce	fro-ma-ge	gri-ma-ce
cri	cra-va-te	bri-que

N° 27. RELEVÉ DES SYLLABES A CONSONNES LIÉES AVEC R OU L.

	e	é	è	i	y	a	o	u
bl	ble	blé	blè	bli	bly	bla	blo	blu
pl	ple	plé	plè	pli	ply	pla	plo	plu
fl	fle	flé	flè	fli	fly	fla	flo	flu
phl	phle	phlé	phlè	phli	phly	phla	phlo	phlu
cl	cle	clé	clè	cli	cly	cla	clo	clu
chl	chle	chlé	chlè	chli	chly	chla	chlo	chlu
gl	gle	glé	glè	gli	gly	gla	glo	glu
tr	tre	tré	trè	tri	try	tra	tro	tru
dr	dre	dré	drè	dri	dry	dra	dro	dru
pr	pre	pré	prè	pri	pry	pra	pro	pru
br	bre	bré	brè	bri	bry	bra	bro	bru
fr	fre	fré	frè	fri	fry	fra	fro	fru
phr	phre	phré	phrè	phri	phry	phra	phro	phru
vr	vre	vré	vrè	vri	vry	vra	vro	vru
cr	cre	cré	crè	cri	cry	cra	cro	cru
chr	chre	chré	chrè	chri	chry	chra	chro	chru
gr	gre	gré	grè	gri	gry	gra	gro	gru

N° 28. CONSONNES REDOUBLÉES SEMBLABLES (OU NON HOMOPHONES), ET SEMBLABLES DIPHONES.

-rr (e-rre)	-ll (e-lle)	-ill (é-ille)		-nn (e-nne)	-mm (e-mme)
-tt (e-tte)	-dd	-cch -cq -cc	-gg	-pp	-bb
-ff (e-ffe)	w	-ss -sc -sc (e-sse)			-gg x

NOTES.

1° ...
pomme, a-bbé, so-tti-se, Pru-sse, a-nné-e, di-ffi-ci-le, a-cca-blé, a-cqui-tté, sci-e ;

2° ...
su-ggé-ré, va-cci-ne, a-ccè-de ;

3° ...
lo-xe, ma-xi-me, e-xi-ra, o-xi-dé ;

4° ...
ca-ille, ca-na-ille, gr-ille*, q-uille* ;
vi-lle, A-chi-lle.

5° ...
te-rre, po-lle, pomme-tire, en-de-sso, sce-llé, tre-ille, e-nne-mi, di-le-mme, gre-ffe, ve-xé, Me-xi-que.

N° 29. RELEVÉ DES SYLLABES A CONSONNES REDOUBLÉES.

	e	é	è	i	y	a	o	u
-ff	ffe	ffé	ffè	ffi	ffy	ffa	ffo	ffu
-nn	nne	nné	nnè	nni	nny	nna	nno	nnu
-mm	mme	mmé	mmè	mmi	mmy	mma	mmo	mmu
-tt	tte	tté	ttè	tti	tty	tta	tto	ttu
-dd	dde	ddé	ddè	ddi	ddy	dda	ddo	ddu
-pp	ppe	ppé	ppè	ppi	ppy	ppa	ppo	ppu
-bb	bbe	bbé	bbè	bbi	bby	bba	bbo	bbu
-cq	cque	cqué	cquè	cqui		cqua	cquo	»
-cc	»	»	»	»	»	cca	cco	ccu
-gg	»	»	»	»	»	gga	ggo	ggu
-ss	sse	ssé	ssè	ssi	ssy	ssa	sso	ssu
sc	sce	scé	scè	sci	scy			
-rr	rre	rré	rrè	rri	rry	rra	rro	rru
-ll	lle	llé	llè	lli	lly	lla	llo	llu
-ill	ille	illé	illè	illi		illa	illo	illu
x	xe	xé	xè	xi	xy	xa	xo	xu
-cc	cce	ccé	ccè	cci		»	»	»
-gg	gge	ggé	ggè	ggi		»	»	»

N° 30. CONSONNES PRÉSIFFLANTES.

sr	sl			sn	sm
st	sd	sq sc	sg	sp	sb
sf sph	sv				

MOTS A CONSONNES PRÉCÉDÉES D'UNE SIFFLANTE.

sque-le-tte, sta-tu-e, a-po-stro-phe, scru-pu-le, sté-ri-li-té, hé-mi-sphè-re, Sga-na-re-lle.

N° 30 bis. CONSONNES LIÉES DIVERSES (ET RAREMENT QU'INITIALES D'UN MOT.)

gn , mn , phth , ps .

Gn-di-e | Mné-mo-si-ne | phthi-si-e | Psy-ché.

Explication sommaire des nos 21 à 30.

N° 21 et 22.

[illegible]

N° 23.

[illegible]

N° 24 à 27.

[illegible]

N° 28.

[illegible]

N° 29.

[illegible]

N° 30.

[illegible]

TABELLÉGIE. — Ire PARTIE. — PREMIERS PRINCIPES ET CLASSIFICATION SYLLABIQUE.

2e Grande Division : Syllabes à Voyelles-Voyelles.

(4e Feuille du Tabellaire ou Atlas.) — Ce sont celles qui sont formées de plusieurs Lettres Voyelles ne servant ensemble qu'à une même Syllabe. — (4e Série de la 1re Partie.)

No 31. VOYELLES CONJOINTES.

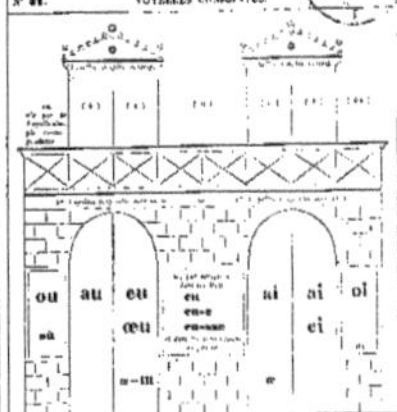

ou | au | eu | œu | ai | ei | oi

eu, eu-e, eu-sse

MOTS :

Ou-bli, œu-vre, ai-re, ai-gre, fli-au, Eu-gè-ne, œ-illè-re, OE-di-pe, au-eu-ne, au-da-ce, Au-gu-ste, OE-dè-me, au-bé-pi-ne, ai-si-re-té, œ-so-pha-ge, Eu-phro-si-ne, au-da-ci-eu-se.

eu, eu-e, eu-sse.

No 32. FRAPPEMENT DES CONSONNES SUR LA VOYELLE CONJOINTE OU.

rou | lou | -illou | gnou | nou | mou

tou | dou | kou, quou, cou | gou | pou | bou

fou, phou | vou | sou, c, çou | zou, -sou | chou | jou, geou

hou | xou

MOTS :

Cou, pou, chou, sou, trou, fou, clou;
Jou-jou, sou-pe, ge-nou, pou-le, trou-ble, mou-che, bou-cle, sou-che, fou-dre, rou-ge, bi-jou;
Cou-ra-ge, nou-rri-ce, tou-pi-e, ou-vra-ge, cou-ro-nne, sou-cou-pe, cou-che-tte, sou-ta-ne, cou-vé-e, pou-pé-e, é-pou-se.

No 33. FRAPPEMENT SUR LA VOYELLE CONJOINTE AU.

rau | lau | -illau | gnau | nau | mau

tau | dau | kau, quau, cau | gau | pau | bau

fau, phau | vau | sau, c, çau | zau, -sau | chau | jau, geau

hau | xau

MOTS :

Sau-ce, pau-me, fau-te, pau-vre, cau-se, tau-pe;
Au-da-ce, au-tru-che, é-pau-le, chau-ssu-re, au-ro-re, au-ba-de, Pau-li-ne;
É-pau-le-tte, au-to-ri-té.

No 34. FRAPPEMENT SUR LA VOYELLE CONJOINTE EU (ŒU).

reu | leu | -illeu | gneu | nœu | meu

teu | deu | keu, queu, cœu, chœu | gueu | peu | beu

feu, pheu | vœu | sœu, ceu, ç | zeu, -seu | cheu | jeu, geu

heu | xeu

MOTS :

Feu, jeu, peu;
Fleu-ve, meu-ble, heu-re, jeu-di, che-veu, ne-veu, beu-rre, preu-ve, peu-ple;
Eu-gè-ne, a-ffreu-se, heu-reu-se, Eu-phro-si-ne;

cou-ra-geu-se, o-ra-geu-se | ga-geu-re, é-gru-geu-re

No 35. FRAPPEMENT SUR LA VOYELLE CONJOINTE AI (È OU É).

rai | lai | -illai | gnai | nai | mai

tai | dai | kai, quai, cai | gai | pai | bai

fai, phai | vai | sai, c, çai | zai, -sai | chai | jai, geai

hai | xai

MOTS :

Ma-rrai-ne, gra-mmai-re, cha-tai-gne, se-mai-ne, vrai, chai-se, frai-se, mau-vai-se.

Quai, gai, je sou-pe-rai, je di-rai.

No 36. FRAPPEMENT SUR LA VOYELLE CONJOINTE EI (È OU É).

rei | lei | nei

tei | dei | pei | bei

vei | sei

MOTS :

Ba—lei—ne, pei—ne, vei—ne, rei—ne, ba—lei—ne, Sei—ne, sei—gle, pei—gne.

No 37. FRAPPEMENT SUR LA VOYELLE CONJOINTE OI (OA).

roi | loi | -illoi | gnoi | noi | moi

toi | doi | koi, quoi, coi | goi | poi | boi

foi, phoi | voi | soi, c, çoi | zoi, -soi | choi | joi, geoi

hoi | xoi

MOTS :

Moi, toi, loi, roi, quoi, foi;
Toi-le, poi-re, froi-de, voi-le, gloi-re, boi-re, droi-te, poi-vre;
Toi-le-tte, ci-boi-re, é-toi-le, Gré-goi-re, de-moi-se-lle.

No 38. RELEVÉ DES SYLLABES A VOYELLES CONJOINTES.

	eu	œu	au	ou	oi	ai	ei	œ
h	heu		hau	hou		hai		
r	reu			rou	roi	rai	rei	
l	leu		lau	lou	loi	lai	lei	
n	neu	nœu	nau	nou	noi	nai	nei	
m	meu		mau	mou	moi	mai		
t	teu		tau	tou	toi	tai	tei	
d	deu		dau	dou	doi	tai	tei	
p	peu		pau	pou	poi	pai	pei	pœ
b	beu	bœu	bau	bou	boi	bai	bei	
f, ph	feu		fau	fou	foi	fai		fœ
v	veu	vœu	vau	vou	voi	vai	vei	
ch	cheu	»	chau	chou	choi	chai		
j	jeu		jau	jou	joi	jai		
g	geu	»	»	»	»	»		»
g(e)	»	»	geau	»	geoi	geai	»	»
g	»		gau	gou	goi	gai		gœ
g(u)	gue	»				guai		»

No 39. SUITE DU RELEVÉ.

	eu	œu	au	ou	oi	ai	ei	œ
q(u)	queu	»			quoi	quai		
c		cœu	cau	cou	coi	cai	»	
ch		chœu						
c	ceu	»	»	»	»	»		
ç	»				çoi	çai	»	
s	seu	sœu	sau	sou	soi	sai	sei	
s	seu		sau	sou	soi	sai		
z				zou				
gn	gneu		gnau	gnou	gnoi	gnai		
gl			glau	glou	gloi	glai		
cl			clau	clou	cloi	clai		
chl								
phl								
gr				grou	groi	grai		
cr	creu			croi	crou	crai		
chr								
phr								
x	xeu					xai		
-ill	-illeu		-illau	-illou	-illoi	-illai		

No 40. VOYELLES LIÉES.

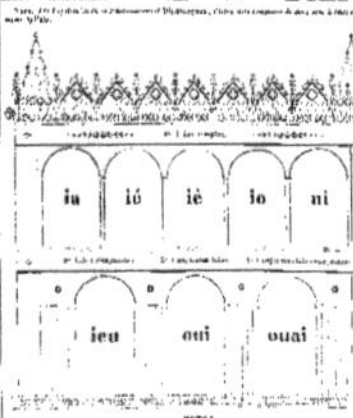

ia | io | iè | io | ui

ieu | oui | ouai

MOTS :

Pio-che, fio-le, lieu, Dieu, pieu, oui, piè-ce, chré-tie-ne, ma-tiè-re, a-mi-tié, É-tie-nne, a-rriè-re, plui-e, mi-lieu, ce-lui, ri-viè-re, chau-diè-re, pi-tié, dia-ble, dia-ble-ri-e, moi-tié, pie-rre, ba-rriè-re, lai-tiè-re, ta-ba-tiè-re, miau-le, hui-tiè-me, a-cqui-escé, ca-fe-tiè-re, vie-ille-sse, cri-niè-re, si-gniè-re, huî-tre.

Explication sommaire des nos 31 à 40.

UN MOT D'ANALYSE RETROSPECTIVE.

[illegible]

No 31.

[illegible]

Nos 32 à 37.

[illegible]

Nos 38 et 39.

[illegible]

No 40.

[illegible]

TABELLÉGIE. — Ire PARTIE. — PREMIERS PRINCIPES ET CLASSIFICATION SYLLABIQUE.

Retour sur la 1re et la 2e Divisions : Supplément aux Voyelles simples et aux Voyelles-Voyelles.

N° 41. VOYELLES SIMPLES LONGUES.

â ê î ô û

MOTS

â—ne	é-vê-que	ho-nnê-te-té
î—le	lâ-che-té	a-pprê-té-e
tâ—che	Jé-rôme	a-rrê-té-e
dî—né	ca-rê-me	cô-te-le-tte
tê—tu	dé-pê-che	plâ-tri-è-re
cô—té	re-lâ-che	prê-tre
pê—che	sû-re-té	brû-lu-re
châ—te	pâ-tu-ra-ge	su-prê-me
chê—ne	gê-ne	grâ-ce
mê—me		prê-che.
geô—le		

N° 42. VOYELLES CONJOINTES LONGUES.

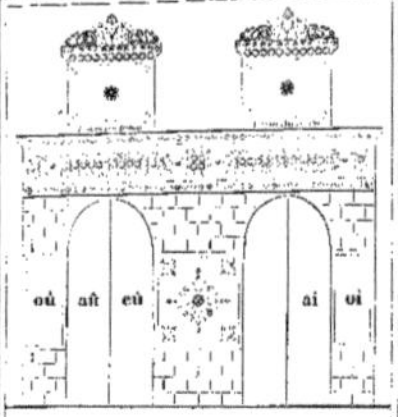

oû aû eû aî oî

MOTS

maî-tre	co-nnaî-tre	jeû-ne
croû-te	pa-raî-tre	a-ccroî-tre
dé-jeû-né	traî-ne-ra	cloî-tre
naî-tre	re-paî-tre	
goû-te	dé-chaî-né	

N° 43. VOYELLES DISJOINTES : 1° PAR ARTICULATION OU A CAUSE DU CONTACT DU DOUBLE L MOUILLÉ.

é-u é-i

a-ü o-ü a-ï o-ï

a-ille , e-ille , œ / ue -ille.

MOTS

o—bé—i	Si—na—ï	tra—va—ille
ré—u—ni	A-dé-laï-de	o—re—ille
dé—i—té	É—sa—ü	ve—ille
ré—u—ssi—te	Mo—ï—se	œ—ille—tte
sé—i—de	Hé—lo—ï—se	accue—illi

N° 44. VOYELLES DISJOINTES : 2° PAR DÉPLACEMENT OU PAR CONTACT DE L'U ET DE L'I.

u-i i-u

u-a u-o i-a i-o

MOTS

re—mu—a	ou—bli—a	flu—i—de
nu—a—ge	ma-ri-a-ge	dru—i—de
	su—ppli—a	re—li—u—re
		ru—i—ne

N° 45. SUPPLÉMENT AUX DISJOINTES PAR DÉPLACEMENT, POUR L'E NON ACCENTUÉ.

u-e-lle i-e-lle u-e ou-e
u-e-tte i-e-tte i-e eu-e
é-e

ue-ra ea
ie-ra eo
ée-ri eau aie oie
oue-ra eoi
oie-ra

MOTS

mu-e-tte , Ma-ri-e-tte , ki-ri-e-lle , ru-e-lle , é-cu-e-lle , plé-bé-i-e-nne.

tue-ra , je joue-rai , fée-ri-que , ha-meau , je dé-noue-rai , Jea-nne-tte , peau.

o-bé-i-e , ra-ri-e , fée , mo-ru-e , queu-e , mou-e , dé-nou-e , rou-e , bleu-e.

mo-nnai-e , plai-e , joie , proie , soie.

N° 46. VOYELLE UNILITTÈRE DOUBLE (DISSYLLABIQUE).

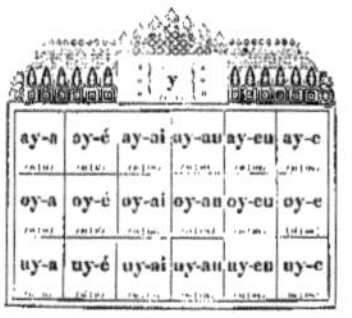

y

ay-a	ay-é	ay-ai	ay-au	ay-eu	ay-e
oy-a	oy-é	oy-ai	oy-au	oy-eu	oy-e
uy-a	uy-é	uy-ai	uy-au	uy-eu	uy-e

MOTS

roy—au—me	voy—e—lle	tuy—au
joy—eu—se—té	boy—au	Gruy—è—re
a—loy—au		

N° 47. EXERCICE PRATIQUE SUR LA LECTURE DES MOTS A SYLLABES NON DÉTACHÉES PAR UN TIRET.

MOTS A VOYELLES SIMPLES.

chose	physionomie	baraque
mie	girafe	guérite
Zoé	acacia	magnanimité
Maria	épiphanie	gageure
libéralité	ahuri	Amérique
dérobée	camaraderie	société

Grétry	sacrifice	scélératesse
frère	broderie	irascible
brise	arrosage	treille
coffre	Allemagne	Phrygie
Chloé	la Mecque	égrugeure
socque	rhabillé	charitable
verre		Ulysse
		gomme

N° 48. SUITE DES EXERCICES PRATIQUES SUR LA COUPURE DES MOTS.

MOTS A VOYELLES-VOYELLES.

boule	oisiveté	voisine
paume	nouvelle	cousine
troupe	croisée	voiture
soutane	jeunesse	éprouvée
Eudoxie	paroisse	baignoire
droiture	éloigné	poivrade
salaire	mairie	boutique

chaîne	curiosité	baïonnette
quenouille	cruelle	païenne
citrouille	cuivre	baïadère
trousseau	gâteau	feuille
raie	néréide	je plue
oreille	oiseau	dahlia
treille	comédie	Beaucaire
prophétie	trahie	voyelle
oublia	criaillerie	coloriée
suicide	Ionie	délie
appréciable	étui	crue
physionomie	Alexia	Clio
curieuse	tuile	je dénouai

N° 49. EXEMPLES D'EXERCICES ANALYTIQUES.

ARROSAGE. — CINQUANTAINE. — CHIRURGIEN. — ENNUYÉ. — VA. — POMMIER. [table text illegible]

N° 50. SUITE

GÂTEAU. — BOISSEAU. — HUÎTRE. — AIGUILLE. — OUI. — BLÉ. — FILLE. — VILLE. [table text illegible]

Explication sommaire des nos 41 à 50.

N° 41.

[illegible]

N° 42.

[illegible]

N° 43.

[illegible]

N° 44.

[illegible]

N° 45.

[illegible]

N° 46.

[illegible]

N° 47 et 48.

[illegible]

N° 49 et 50.

[illegible]

TABELLÉGIE. — Ire PARTIE. — PREMIERS PRINCIPES ET CLASSIFICATION SYLLABIQUE.

3e Division : Syllabes à Voyelles-Consonnes.

On appelle *Voyelle-Consonne* toute Voyelle suivie d'une Consonne appartenant à la même Syllabe.

No 51. VOYELLES-CONSONNES IMPARFAITES.

an	in	on	un	oin
am	ain	om	um	
en	im			
em	ym			
ean	aim	eon	eun	ooin
ian	ein	ion		
	ien			
	uin			

An-dré	Ain	am-phi-thé-â-tre
An-gé-li-que	un	am-bra-ssa-de
An-gle-te-rre	on—cle	em-bra-ss-re
an-cie-nne-té	Lé—on	em-brou-illé
an-ti-pa-thi-e	li—on	em-pi-re
an-cre	on—gle	im-bé-ci-lle
en-cre	oin—dre	im-pri-me-ri-e
co-chu-me	pa—ien	im-pi-toy-a-ble
in-qui-é-tu-de	moy—en	im-po-li-te-sse
in-co-mmo-de	A—dri—en	im-bu
in-croy-a-ble		om-bra-ge

No 52. FRAPPEMENT DES CONSONNES SUR LA VOYELLE-CONSONNE IMPARFAITE ET NASALE AN.

ran	len	-illan	gnan	nan	man
tem	den	kan quan cam	gan	pam	ban
fan phan	ven	san cen çan	zan -san	cham	jean gean
h an				x an	

MOTS :

Ven-dan-ge, Fran-çoi-se, A-le-xan-dre, Jean, ven-gean-ce, A-dam, en-ten-dre, chan-gean-te, ran-gé, tem-pê-te, den-te-lle, can-can ;

Vian-de, fian-cé.

No 53. FRAPPEMENT SUR IN (EIN).

rein	lin			nain	main
tain	daim	kin quin cain	gain	pain	bain
faim phin	vin	sym cim	zin -sin	chain	gin
h ein				x in	

MOTS :

Vin, bain, daim, bam-bin, Nan-kin, pro-chain, Rhin, voi-sin, vau-rien, an-cien, bien-ve-illan-ce, chien, crin, é-tain, lin, faim, dau-phin, sym-bo-le, thym, frein, tam-bou-rin, juin, Bau-douin, main-tien, li-en.

No 54. FRAPPEMENT SUR ON.

ron	lon	-illon	gnon	nom	mon
tom	don	quon com	gon	pon	bom
fon phon	von	son çon	zon -son	chon	jon geon
h on				x on	

MOTS :

Thon, le-çon, pan-ta-lon, nom, pion, men-son-ge, non, Sa-lo-mon, tom-bé, Fon-tai-ne-bleau, Leu-i-son, mon-tre, plon-geon.

No 55. FRAPPEMENT SUR UN (EUN).

	lun				
tun	dun				bun
		cun			
		çun			jeun

MOTS :

Au—cun, Au—tun, a—lun, un hun, à jeun, I—ssou—dun, lun—di, tri—bun, hum—ble, cha—cun, Lau—dun.

No 56. FRAPPEMENT SUR OIN.

	loin			moin
	coin	goin	poin	
foin	soin	-soin		join

MOTS :

Loin, coin, be—soin, foin, soin, Join—vi—lle, moin—dre, poin—dre, join—tu—re, loin—tain, poin—tu—re, a—moin—dri, re—join dre.

No 57. RELEVÉ DES SYLLABES A VOYELLES-CONSONNES NASALES.

	an en	in ein ain	on	un	oin
h	han hen	hein		heun	
r	ran ren	rin rein rain	ron		
l	lan len	lin lain	lon	lun	loin
ill	-illan		-illon		
gn	gnan gnen		gnon		
n	nan nen	nin nain	non		
m	man men	min mein main	mon	mun	moin
t	tan ten	tin tein tain	ton	tun	
d	dan den	din	don	dun	
p	pan pen	pin pain	pon		poin
b	ban	bin bain	bon	bun	
v	van ven	vin vain	von		
f	fan	fin	fon		foin
ph	phan	phin	phon		
ch	chan	chain	chon		

No 58. 1re SUITE DU RELEVÉ.

	an en	in ein ain	on	un	oin
j	jan		jon	jun	join
g	» gen	gin gein »	»	»	»
g(e)	gean »	» » »	geon		
g	gan »	» » gain	gon		goin
g(u)		guin			
k	kan	kain			
q(u)	quan	quin			
c	can »	» » cain	con	cun	coin
ch					
c	» cen	cin cein »	»	»	»
ç	çan »	» »	çon	çun	
s	san sen	sin sein sain	son		soin
z	zan	zin	zon	zun	
s	-san -sen	-sin	-son		-soin
x	xan	xin	xon		

No 59. 2e SUITE.

	am(b/p) em(b/p)	im(b/p)	om(b/p)	ian	ien	ion	uin
l	lam	lim					
t	tam tem	tym	tom	tian	tien		
p	pam					pion	
b	bam		bom		bien		
v	vam				vien		
f				fian			
r	ram rem	rim			rien		
j	jam						juin
g	» gem	gim					»
g	gam »	»	gom	»	»	»	
g(u)					ghien	guion	
q							
c	cam »		com	»	»	»	
c / s	sam	cim	som		sien		
z / s					-sien		

No 60. EXERCICE PRATIQUE SUR LA COUPURE DES MOTS A VOYELLES-CONSONNES IMPARFAITES (NASALES).

pontife	lentille	Scandinavie
Adam	menteuse	fandango
confiture	mentille	planche
pantin	banque	Alexandrine
Chanaan	coquin	Xénophon
main	concombre	Xénia
fiante	chandelle	champignon
chambranle	ébranlée	consolation
peinture	ombrelle	imprudence
ventouse	changeuse	temple
assistance	station	

No 60 (bis). NOUVEL EXEMPLE D'EXERCICES ANALYTIQUES.

MOT À ANALYSER	[illegible]	[illegible]	[illegible]	[illegible]	[illegible]	QUALIFICATION ET [illegible]	[illegible]	[illegible]
CHAPELAIN.	[illegible]	[illegible]	[illegible]	[illegible]	[illegible]	[illegible]	[illegible]	[illegible]
TREMPLIN.	[illegible]	[illegible]	[illegible]	[illegible]	[illegible]	[illegible]	[illegible]	[illegible]

Explication sommaire des nos 51 à 60.

NOUVELLE ANALYSE [illegible].

[illegible]

Or, l'Élément-Consonne peut être, on s'en souvient, *Consonne simple* ou *Consonne composée* ;

Consonne simple, quand elle est formée d'une seule lettre et n'indique qu'une seule articulation ;

Consonne composée ou *Consonne-Consonne*, quand elle est formée de plusieurs Lettres Consonnes ne comptant ensemble que pour une.

Les Consonnes composées peuvent être elles-mêmes, on le sait encore, *Conjointes*, [illegible]

Quant à l'*Élément-Voyelle*, [illegible] *Voyelle simple*, ou *Voyelle-Voyelle* [illegible]

Voyelle simple, lorsqu'il n'est formé que d'une seule lettre [illegible] (Voir les Nos 1 à 30.)

Voyelle-Voyelle, lorsqu'il est au contraire formé de plusieurs Lettres-Voyelles [illegible] (Voir les Nos 31 à 50.)

Enfin *Voyelle-Consonne*, c'est-à-dire formée d'une ou de plusieurs Lettres-Voyelles suivies d'une ou de plusieurs Lettres-Consonnes faisant Syllabe avec elles à gauche, faute de Voyelle à leur droite. (Voir les Nos 51 à 70.)

OBSERVATION GÉNÉRALE SUR LES VOYELLES-CONSONNES.

Pour bien faire comprendre cette sorte d'Élément-Voyelle, on fait prononcer d'abord la Voyelle comme si elle était seule, puis la Consonne qui la suit, [illegible]

Quoiqu'il en soit, les *Voyelles-Consonnes* sont dites *imparfaites* ou *parfaites* ; [illegible]

No 51.

Ce Numéro, très essentiel, montre les Voyelles-Consonnes imparfaites, dites aussi nasales, parce que le bruit nasal que l'on y fait entendre après la Voyelle [illegible]

Il y a encore lieu d'observer :

1o Que dans *en*, [illegible]

2o Que dans *in*, l'*i* participe de l'*e* muet ;

3o Que dans *un*, l'*u* participe de la Voyelle-Voyelle *eu* ;

4o Que ces sortes de Voyelles-Consonnes, quand elles sont terminées par un *n*, sont suivies d'une Syllabe commençant par *b* ou *p*.

Nos 52 à 59.

Ces Numéros montrent les Voyelles-Consonnes imparfaites, frappées par une Consonne.

[illegible]

Les Nos 57 à 59 offrent un relevé des Syllabes à Voyelles-Consonnes nasales imparfaites, [illegible]

No 60.

On n'a pour ce Numéro qu'à se rappeler la règle générale posée au Sommaire des Nos 47 et 48.

No 60 bis.

Voir ce qui est dit sur les Nos 49 et 50.

TABELLÉGIE. — Ire PARTIE. — PREMIERS PRINCIPES ET CLASSIFICATION SYLLABIQUE.

Suite de la 3e Division : Syllabes à Voyelles-Consonnes.

No 61. VOYELLES-CONSONNES : 1° PARFAITES OU ORDINAIRES.

ar	al				...am
er	el			...en	...em
oir	oil				
at	id	oq		ap	ob
et	ed	ec	eg	ep	
		ouc	aug		
if		as	az		
eph		es			
ouf		aus			
ah				ex	

EXERCICE SYLLABIQUE.

Ir, or, ur, oir, our, is, os, us, ous, ab, of, uf, af, il, ul, auf, eur, œur, ac, ic, oc, uc, ah, ich, ul, ut, ad, od, ud, eh, ix, er, el, ec, eg, ef, es, air, oil, ouc, aug, ouf, aus, ar, al, at, id, oq, ap, ob, if, as.

No 62. MOTS A VOYELLES-CONSONNES ORDINAIRES NON FRAPPÉES.

ar-che-vê-que	Is-ra-ël	Ur-su-le
ad-mi-ra-ble	ich-thi-o-pha-ge	ul-cè-re
ar-bri-sseau	Is-ma	ur-ba-ni-té
al-bâ-tre	if	ul-tra-mon-tain
ath-lè-te		ur-ne
ar-gen-té	oc-to-bre	our-se
ap-ti-tu-de	ob-scu-ri-té	our-sin
ac-te	ob-sta-cle	our-di
ab-so-lu-ti-on	or-ge	ouf
	or-gue	
	or-di-nai-re	œuf
El-mi-re	or-fè-vre	
Et-na	or-do-nan-ce	air
ex-cla-ma-ti-on	oc-ta-ve	ais
ex-tra-va-gan-ce	oc-troi	
	oc-to-gé-nai-re	aug-men-té

No 62 bis. SYLLABES ET MOTS A VOYELLES-CONSONNES ORDINAIRES FRAPPÉES.

1° Frappées au celles ayant un a.

Bac, bal, bar, crac, chal, char, dar, bas, gap, crac, cap, car, gal, fas, gas, mar, mas, mal, mac, nap, lar, sac, tac, tar, val, var.

char-bon	cal-vai-re	mar-teau
che-val	lar-me	gar-ni-tu-re
car-na-val	par-fu-me-ri-e	mo-nar-que
Bal-tha-sar	mar-bre	mal-sain
cap-ti-vi-té	sar-di-ne	bal-da-quin
bar-di-e-sse	har-mo-ni-e	rap-so-di-e

No 63. 1re SUITE DES VOYELLES-CONSONNES ORDINAIRES FRAPPÉES.

2° Frappées au celles ayant un e non accentué, lequel est ouvert.

Chef, nef, cher, sel, sep, per, pes, ner, nel, mes, ker, cel, cer, res, rep, rec, bref, fred, ger, ges, guer, ver, vel, vec, ler, her, ber, bel, del.

septem-bre	lec-tu-re	ta-ber-na-cle
ser-vie-tte	ser-mon	Jo-seph
li-ber-té	cer-ve-lle	vier-ge
ver-du-re	mer-ve-ille	ber-ge-ri-e
Ger-main	ves-te	der-niè-re
ren-fer-mé	Nep-tu-ne	dex-té-ri-té

3° Sur celles ayant un i.

Mil, bis, cric, bir, nir, mys, mir, lir, bil, bir, dik, dir, fil, nil, fir, guir, gnis, his, hic, chir, fix, vif, plir, vil, sir, tic, ttir, Styx, suif.

blan-chir	vir-gu-le	his-toi-re
Vic-toi-re	mys-ti-fi-ca-ti-on	tric-trac
Vir-gi-ni-e	É-gyp-te	ma-gis-tra-tu-re
par-tir	dis-cu-ssi-on	dis-pu-te
zé-phir	au-ber-gis-te	mys-tè-re
dic-ti-o-nnai-re	cris-pa-ti-on	bis-cu-tin

4° Sur celles ayant un o.

Por, pos, tof, doc, choc, dor, for, los, dol, xor, hos, froc, coq, soc, hoc, cor, sol, col, quod, roc, gor, fol, gnol, broc, choc.

No 64. 2e SUITE DES VOYELLES-CONSONNES ORDINAIRES FRAPPÉES.

for-tu-ne	por-tiè-re	scor-pion
a-ccor-dé	lor-gnon	phos-pho-re
ré-col-te	bor-du-re	mor-tel
Hec-tor	cor-don	bor-gne
cor-da-ge	or-dre	gor-go-nne
for-ce	toc-sin	sor-ciè-re

5° Sur celles ayant un u.

Mus, mul, mur, pul, pus, pur, ful, suc, jus, gur, ruf, tul, tuf, luc, lus, club, mul, crus, cur, cus, sul, sur, sus, duc, dur, bus, but.

cul-tu-re	cul-bu-te	sé-duc-ti-on
mul-ti-tu-de	pur-ge	mus-ca-de
en-dur-ci	sur-nu-mé	in-sul-te
mur	mur-mu-re	su-ccur-sa-le
noc-tur-ne	bur-les-que	cul-te
ar-bus-te	Tur-qui-e	rus-tre

6° Sur celles ayant une Voyelle-Voyelle.

Soif, poil, sauf, crous, Paul, pouf, cour, tour, pour, sour, dour, jour, four, creur, gneur, sœur, voir, peur, chœur, bouc, soir, leur, bour.

rou-geur	pour-ceau	tour-b-illon
four-che-tte	stu-peur	tour-nu-re
au-jour-d'hui	cour-se	pré-voir
sœur	gour-man-di-se	a-rro-soir
pour-quoi	sei-gneur	é-tour-di
four mi	sour-di-ne	mous-que-tai-re

No 65. VOYELLES-CONSONNES SUIVIES D'UNE CONSONNE SEMBLABLE DISJOINTE.

ir-r	il-l				am-m em-m im-m
		-c|c{e, i}			g|g{e, i}

am-mo-ni-ac	il-lus-tre	ac-cen-tu-é-e
am-mon	il-li-si-ble	vac-ci-ne
em-me-né	ir-ré-pro-cha-ble	ac-ce-ssoi-re
em-man-ché	ir-ré-so-lu	oc-ci-den-tal
im-mor-tel		oc-ci-put
im-mo-bi-le		sug-gé-ré
im-meu-ble		oc-ci-ta-ni-e
im-men-si-té		

No 66. SUR LES VOYELLES-CONSONNES FINALES. (RÈGLES GÉNÉRALES.)

...r	...l			...n	...m ...um
		...q ...c			
...f ...ph					

MOTS A CONSONNES FINALES SENSIBLES.

1° A articulation parfaite.

Cul-ti-va-teur, jour, ro-ssi-gnol, juif, au tel, Jo-seph, soif, I-sa-ac, coq, Zu-rich, A-bra-ham, Sem, hy-men, um sé-um, fac-to-tum.

2° A articulation imparfaite.

A-dam, ma-man, Sei-pi-on, nom, non, can-can,

MOTS A CONSONNES FINALES NON SENSIBLES.

Jé-sus, croix, sou-ris, du ris, froid, par-tout, doigt, puits, chats, Jé-sus Christ.

MOTS A CONSONNES FINALES MÊLÉES.

Ha-sard, dis-cours, vie-illards, lé-o-pards, morts, ar-gent, plomb, bond, ils.

No 67. SUR LES VOYELLES-CONSONNES FINALES. (RÈGLES PARTICULIÈRES.)

1° Voyelles-Consonnes finales ayant un e non accentué.

...er	...el	cil ueil		...en	...em
...et	...ed	...ec	...eg	...ep	...eb
...ef		...es	...ez		

2° Voyelles-Consonnes à l final précédé d'un i.

...ail	...eil	...il	...euil ...ueil œil	...ouil

No 68. RELEVÉ GÉNÉRAL DE LA CLASSIFICATION SYLLABIQUE.

ÉLÉMENS CONSONNES.

r, l, n, m, d, qu, k, p, b, f, v, j.

ph, ch, gn.

ch, th, dh, lh.; mh, nh, rh, sh.

cl, bl, gl, pl, bl, fl. | phl | chl

tr, dr, kr, cr, gr, pr, br, fr, vr. | phr | chr

rr, ll, nn, mm, tt, dd, cq, ff, ss.

-ll

ar, el, am, at, ad, eq, ap, ab, ef, eph.

g\|n, m\|n, ph\|th, p\|s.

No 69. 1re SUITE DU RELEVÉ DE LA CLASSIFICATION.

ÉLÉMENS VOYELLES.

1re DIVISION : VOYELLES SIMPLES.

e, é, è, i, y, a, o, u.

2e DIVISION : VOYELLES-VOYELLES.

ou, au, eu, œu. | ai, ei, oi | ie, iè, io, ai

a-ille, e-ille, ue-ille

u-e-lle, u-e-tte, i-e-lle, i-e-tte, i-e-nne. | ue-ra, ie-ra, ce-ri, eur-rai, eu, eu, eau, ceu, cui.

u-e, i-e, é-e, ou-e, eu-e. | ate, ete.

No 69. 2e SUITE DU RELEVÉ DE LA CLASSIFICATION.

SUITE DES ÉLÉMENS-VOYELLES.

3e DIVISION : VOYELLES-CONSONNES.

an, en, am, em, ein, ain, ien, ain, eain, on, om, eon, eun, ar, al, as, er, el, em, our, oil, ouc, ir, il, ah, ux, ex, aug, ier, iel.

ir-r, il-l, am-m, ad-d, em-m, red-d, im-m

r, l, n, m, q, f, um, c, ph, ch.

Toutes, sauf les précédentes.

(Voir ces règles particulières, dans la deuxième partie.)

Explication sommaire des nos 61 à 70.

No 61.

Les Voyelles-Consonnes ordinaires ou parfaites sont celles, avons-nous dit, où la Consonne laisse parfaitement distinguer son articulation ordinaire, quoique pourtant d'une manière moins frappante que s'il y avait après elle un e non accentué.

Les Voyelles y conservent aussi leur valeur ordinaire, seulement l'e non accentué s'y prononce ouvert moyen.

Quoique le No 61 n'offre pas toutes les Voyelles-Consonnes ordinaires, il suffit cependant pour apprendre à les reconnaître, et il faut se le rendre bien familier.

On y remarque que quelques-unes des Voyelles-Consonnes notées imparfaites peuvent (dans certains cas à expliquer à la deuxième partie) devenir Voyelles-Consonnes ordinaires, c'est-à-dire faire entendre leur articulation ordinaire.

Nos 62 à 64.

Ces Numéros offrent d'abord des exemples de Voyelles-Consonnes ordinaires faisant Syllabe sans être frappées par aucune Consonne ; et après cela, des exemples par Syllabes et par mots sur les Voyelles-Consonnes ordinaires frappées par une Consonne.

On doit y arrêter les Élèves jusqu'à ce qu'ils les lisent assez couramment, ce qui demande un peu de temps.

No 65.

On se rappelle que, suivant la règle du No 31, deux Consonnes semblables ne comptent en règle générale que pour une. Il est cependant des cas où elles se détachent de manière à ce que la première vient servir à faire Voyelle-Consonne à gauche, tandis que l'autre sert à frapper la Voyelle de droite.

On ne peut que donner quelques exemples de ces Voyelles-Consonnes suivies d'une Consonne semblable, et renvoyer à la deuxième partie, No 52, pour les règles qui les concernent.

No 66.

On a considéré jusqu'ici les Voyelles-Consonnes sous un aspect général, et comme se trouvant au milieu des mots plutôt qu'à la fin.

Or, comme finales des mots, les Consonnes ne se font pas toutes sentir. Il n'y a, en règle générale, que celles des six cas r, l, n, m, q, f, qui se fassent entendre ; les autres sont le plus souvent muettes. (Voir à la deuxième partie.)

No 67.

Outre certaines exceptions à la règle relative au No 66, et dont on parlera à la deuxième partie, il y a lieu de considérer d'ores et déjà que la plupart des Voyelles-Consonnes finales ayant un e non accentué, sont soumises à plusieurs règles particulières que l'on trouvera après les Nos 66 à 69. Donner ici des exemples des diverses prononciations dont elles sont susceptibles, n'aboutirait à rien sans la connaissance des règles.

Il en est de même relativement aux Syllabes finales terminées par il, où le l est tantôt mouillé, tantôt muet, tantôt sonné ; on ne peut que renvoyer à la deuxième partie.

Nos 68 à 70.

Ces Numéros offrent un relevé synoptique de la classification syllabique que l'Élève connaît déjà tout entière.

Ce relevé est spécialement recommandé au maître, soit pour lui, soit même pour ses Élèves, avant de passer à la seconde partie.

Deuxième Édition.

TABELLÉGIE. — SUPPLÉMENT A LA PREMIÈRE PARTIE.

Exercices pratiques pour la Lecture des Phrases.

(7e Feuille bis du Tabellaire ou Atlas.) (Série supplémentaire de la 1re Partie.)

EXERCICES POUR LA LECTURE DES PHRASES.

[illegible]

PHRASES à lire après les nos 21 et 22.

Adore la Divinité.
Maria, étudie.
Zoé a lu.
Amélie a été malade.
Je me fie à ta parole.
Adeline a la mine mutine.
Korali a de la timidité.
Rome révère le génie de Numa.
La colère tue.
Le sage mène une vie retirée.
Sara sera sage.
Remi a été mené à la geole.
Le juge jugea cela.
Sale la salade.
Lave ta figure.
Félicité, salue la société.
Denise se frise.
Papa se rase.
Rosalie se repose.
Une rose pare Lise.
Caroline fera le café.
Ma cheminée fume.
Julie a visité la Béotie.
Ta guitare me fatigue.
Cyrile me menaça.
Holà, holà, que signifie cela?

RÉSUMÉ PRATIQUE EN FORME DE PETIT CONTE

ne contenant que des syllabes comprises dans les nos 21 et 22 (*).

Je salue Madame.

Je ramène la petite Joséphine qui a étudié, qui a été sage, qui a été si sage que Madame de Lafare a acheté à Joséphine une robe rose; le papa, une jolie image dorée; la tata, une cigogne de cire.

Joséphine, qui a cela ici, évitera que la robe ne se déchire, que la jolie image ne se tache, que la cigogne ne se défigure.

La petite camarade de Joséphine, Hélène de Pomaric, qui a sali sa figure, qui a désobéi, sera punie.

Que dira de ce Madame sa mère?

Que chacune a reçu ce que chacune a mérité.

PHRASES à lire après les nos 24 à 30.

Sonne la cloche.
Prépare la chasuble.
Le curé va dire la messe.
Théophile, sucre le thé.
Le rhume te fatigue, ma Thérèsa.
Évite la prodigalité.
La belle treille que celle-là!
Iphigénie a sevré Ulysse.
Casse la glace.
Théodore a vu Athanasa.
Ramasse cette pomme.
Quelle bacchanale fera cette canaille!

(*) [illegible]

Détache chaque syllabe de cette phrase.
Marianne, veille la malade.
Appelle ta fille.
Décachète cette lettre.
Cette terre a été semée samedi.
Quelle stupide scélératesse!
Le chlore purifie.
Ma famille habite la ville de.....
Galoppe, je te prie.

PHRASES à lire après les nos 31 à 39.

La foi sauve.
Toute peine mérite salaire.
Aime la sagesse.
Laisse-moi faire.
Que la chèvre broute où elle se trouve.
La neige couvre la colline voisine.
Qui fera la loi, toi ou moi?
Ni toi, ni moi; ce sera le roi.
Comme cette boule roule!
Faute avouée, à demi-réparée.
Euphrosine pleure.
Cette semaine je verrai ma marraine.
La reine se baigne.
Oisiveté, mère du vice.
Eugène a la rougeole.
Je te dirai ce que je ferai.
La Seine charrie de la glace.
Qui a eu le courage de faire cela?
La soirée a été orageuse.
Eudore gagnera sa gageure.
Éloigne du ménage toute brouillerie.

PHRASES à lire après les nos 40 à 50.

À Richesse préfère honnêteté.
Quelle bêtise de rire comme cela!
La fête sera belle.
Le chêne écrasa de sa chute ma petite cabane.
La chrysalide crève sa coque.
Achille a dîné à satiété.
Dépêche-toi, Timothée.
Théophile, déjeune vite.
Caïca, oiseau venu de la Guiane.
Caïque ou Caïc, signifie petite chaloupe du Cosaque.
Une voyelle sonne seule.
Jérôme, mène la vache paître.
Je dénouerai cette ficelle.
Cette monnaie passera-t-elle?
Adélaïde a reçu une lettre de la Jamaïque.
Qui a donné cette belle mosaïque au musée?
Amélie se marie, Nathalie aussi.
Le geai a le plumage bigarré.
Athalie, tragédie de Racine.
Voilà une jolie prairie.
Étienne, donne-moi ce couteau.
Gabrielle, travaille, ma chère.
Honore la vieillesse.
Qui ne travaille, à sa paillasse a peu de paille.
Qui se passionne au jeu se ruine.
Le caillou donne du feu.
Amitié véritable, chose rare.
Qui joue au jeu de cache-cache? Je joue.
La chatte miaule de cette manière : *miaou*, *miaou*, *miaou*.
Voici de quelle manière la chienne aboie : *baou*, *baou*, *baou*.

RÉSUMÉ PRATIQUE DES 1re ET 2e DIVISIONS,

en forme de petit conte, ne contenant que des syllabes [illegible]

Alexis.

Une petite fille, nommée Alexis Thibaudeau, qui habite la ville de Beaucaire, a trouvé, à la promenade du Pré où sa bonne l'a (*) menée, le livre d'église de sa voisine Chloé de Chataigneraï. Ce joli livre, à reliure de veau doré, a, à chaque prière, une gravure coloriée.

Alexis, joyeuse, n'a d'autre idée que celle-ci : je couperai chaque feuille qui me donnera une image. L'image, je la mettrai à la chapelle que ma bonne mère m'a laissé faire. J'appellerai chaque petite fille de la rue que j'habite; chacune me félicitera de ma trouvaille, chacune applaudira à l'adresse que j'aurai mise à faire une chapelle aussi jolie.

Alexis, qui de cette manière se pose maîtresse du livre qu'elle a trouvé, déchire ce joli ouvrage de piété, ne laisse que la peau qui le recouvre. Sa joie sera de peu de durée.

Chaque image clouée à la muraille, Alexis appelle Honorine, Thérèsine, Geneviève, Athanasie, Eudoxie, Joséphine, Eugénie, même Chloé qu'elle mène à sa chapelle.

Chloé, aussi curieuse qu'une autre, a vite reconnu une gravure. Elle se fâche; elle frappe même Alexis; celle-ci pleure. Chloé la traite de voleuse; Alexis, outrée, la chasse de sa chapelle.

Chloé, furieuse, va dire à sa mère ce qui se passe.

Madame de Chataigneraï étonnée va faire une visite à Madame Thibaudeau, qu'elle trouve à la chapelle, où Alexis se désole.

(*) [illegible]

Celle-ci, toute mère, avoue qu'elle a déchiré le livre.

« Qui t'a suggéré cette sotte, cette coupable idée, ma fille?

« Je n'ai réfléchi, ma mère, qu'à une seule chose : *Je m'amuserai; Chloé s'amusera aussi;* au lieu de cela, Chloé se fâche, Chloé m'accuse; l'ai-je mérité? »

« Oui, ma fille; ta faute a même causé une véritable peine à ta mère. Quoi! détruire une jolie chose! la chose d'autrui! faire comme une voleuse qui dénature ce qu'elle a dérobé!... »

« Laisse, que je pleure, répliqua Alexis. De ma vie je n'aurai la faiblesse de faire autre chose que ce à quoi ma mère m'aura autorisée. Qu'elle ne cesse d'être le guide d'Alexis. Qu'ai-je à faire? Que ma sottise se répare. Madame de Chataigneraï, que Chloé, à votre prière, redevienne l'amie d'Alexis; qu'elle oublie ma faute; qu'elle reprenne ce que j'ai à elle. Je m'acquitterai comme je pourrai le faire; je lui paierai le livre. J'ai économisé une petite somme, grâce à ma mère, qui, chaque semaine où j'ai été sage, me donne une jolie petite pièce de monnaie. Cette somme pourra suffire si Chloé..... »

« Inutile, ma chère, s'écria Madame de Chataigneraï émue : laisse ta chapelle telle quelle. Je donnerai à Chloé le livre qu'elle voudra. »

« Qu'elle reprenne chaque image, répète Alexis; cela fera que j'oublierai..... »

« Oublie toute chose, ma petite, ajouta la mère de Chloé; que cette brouillerie s'efface de ta mémoire. Adieu, jeudi je te ramènerai Chloé, qui sera heureuse d'être l'amie d'Alexis. »

EXERCICE A LIRE APRÈS LES nos 51 à 65.

MOTS.

Marthe, mentir, mensonge, pontife, confiture, Suzon, senteur, mourir, lorgnon, Firmin, roc, mourante, languissante, haillon, sentimentale, banque, Malmaison, chardon, trictrac, belvédère, Scandinavie, charpente, languir, établir, vertu, Germain, solde, illégalité, illusoire, irréparable, Laudun, humble, maison, accompagné, fandango, coquin, censure, faim, pantin, daim, immolé, immoralité, accède, emmaillotté, devoir, choc, affirmation, forteresse, portière, rossignol, four, doctrine, Mustapha, pulvérisé, Gustave, amour, sourde, surdité, censeur, fourchette, corbeille, bombe, remblai, rembourré, remplissage, Adam, prochain, maintien, vaurien, frein, bienveillance.

PHRASES.

Aime ton prochain comme toi-même.
Caïn, ce misérable, tua son frère Abel.
Adieu, cousin, je reviendrai demain.
Alexandre a un pantalon de Nankin.
Walsain monte bien à cheval.
Il y a de quoi prendre mal au balcon.
Albin, rentre.
Joseph expliqua le songe de Pharaon.
Le pontife Melchisédech a béni Abraham.

Ethbaal, roi de Sidon, de la race de Chanaan, a eu pour fille Jésabel.
Dikson va partir pour Lisbonne.
Amérie profita de la conquête de Christophe.
On destine Jules à la magistrature.
Quel étourdi que Paul! il oublie sa bourse.
Arrête-toi un peu à chaque virgule.
Adore le mystère de la sainte Trinité.
Ursule a entendu la messe.
Prendre le turban signifie se faire mahométan.
Le suc de betterave donne un sucre agréable.
O pécheur endurci, pense à l'éternité.
Chaque chose devra avoir son tour.
Préfère un cultivateur honnête à un seigneur fripon.
Qui bien fera, bien trouvera.
A fol conteur, sage écouteur.
Dieu! quel éclair a sillonné la nue!
Aujourd'hui, veille de demain.
Dimanche, lundi, mardi, mercredi, jeudi, vendredi, samedi.
Prospérité aveugle, infortune éclaire.
La révolte a éclaté en Norwége.
La récolte a été frappée de mortalité.
Accorde toi-même ton piano.
Gourmandise, péché capital.
Méfie-toi de la fraîcheur du soir.
Goûte de cette tourte, mon frère.
Voilà une liqueur bien bonne.
Merci, ma bonne sœur.
Emmaillotte ta charmante petite fille.
Quel diablotin que ce jeune garçon!
Emmagasine cette marchandise.
Préfère le devoir au plaisir.
Bonjour, caporal. — Adieu, tambour.

EXERCICE A LIRE APRÈS LES nos 66 et 67.

...er

clocher grenadier gambader se fier	enfer amer cher fier	dessert couvert perd vert
clochers grenadiers	amers chers	desserts couverts

...el (èl)

éternel autel	éternels autels

...es

tes, les tu es il est	messes charitables amies	joies plaies

...ez (é)

nez, obéissez, regardez.

...et

muet boulet parapet	toi et moi	Seth

...ed

Alfred	sied assied	pied couvre-pieds

...ef

chef, nef, Joseph.	clef, porte-clefs.

...ec

échec	échecs

...eg

releg	un legs

...ep (èp) — Julep | ...eb (èb) — Oreb

...em

Jérusalem harem	temps printemps

...en

hymen abdomen	en Rouen	combien grammairien
hymens abdomens	bon sens parens	reviens liens

...ent

ils marchent elles dorment ils rient elles prient ils regardaient elles voient	il revient elle contient	elle le défend il se repent un paravent des paravents

...ail (aill)

éventail, bercail, portail.

...eil (eill)

réveil, soleil, sommeil, conseil.

...euil, ...ueil, ...œil (euill)

fauteuil, orgueil, accueil, œil.

...ouil (ouill)

fenouil

...oil (oill)

passepoil, Révoil.

...il

fusil sourcil persil outil bien gentil	péril du mil babil	fil mil-huit-cent puéril civil un gentil

PROVERBES

[illegible]

Qui sème la vertu moissonnera l'honneur.
Qui porte dans ce monde la croix de Jésus-Christ sera placé au ciel à côté de Jésus-Christ.
Chaque pays, chaque coutume.
Fais ce que dois, arrive que pourra.
La peur conseille toujours très mal
Il ne faut pas que Gros-Jean remontre à son curé.
Tu as mis le doigt sur la plaie.
De vos bienfaits je suis reconnaissant.
Bonne renommée vaut mieux que ceinture dorée.
Il vaut mieux tard que jamais.
Sachons ne vouloir que ce que nous devons vouloir.
Mettez du bon mastic à l'aqueduc.

Le colonel a chassé le daim avec un rare bonheur.
Oh! le bel épagneul que Michel a vendu à Albin!
Soyons civils envers tout le monde.
Quel babil! il y a de quoi perdre le fil.
A nouveaux faits nouveaux conseils.
Donne du mil aux canaris.
Vous mettrez ce poisson sur le gril.
En toute chose il faut considérer la fin.
On ne doit pas brûler la chandelle par les deux bouts.
Qui mange son fruit vert le trouve amer.

Christophe Colomb a découvert l'Amérique.
Cordonnier, faites des souliers.
Ne vous contentez pas de louer les gens de bien, imitez-les.
Langue de muet est meilleure que langue de menteur.
Chacun son métier, les vaches seront bien gardées.
Les petits ruisseaux font les grandes rivières.
Jésus-Christ est né à Bethléem.
Son tombeau se trouve à Jérusalem.
Noé eut trois fils : Sem, Cham et Japhet.

A chacun le sien.
Je comprends bien ce que vous me dites.
Les jours se suivent mais ils ne se ressemblent pas.
Petite pluie abat grand vent.
Contentement passe richesse.
Adieu les promesses quand le péril est passé.
Beaucoup de petits coups abattent de grands chênes.

ent [illegible]

Voilà six mois, mon cher parent, que je ne t'avais rencontré. Comment te portes-tu? — Pas mal à présent; mais c'était bien différent il y a quelque temps. Heureusement que j'avais, mon cher, un médecin excellent, savant sans charlatanisme, ayant même de l'attachement pour ses malades. Son talent et son zèle m'ont tiré d'un bien mauvais pas.

ent [illegible]

Les deux frères, dont je vous parlais, éprouvèrent des malheurs qui les réduisirent presque à la dernière misère. Ils vendirent le peu de meubles qu'ils possédaient, quittèrent la capitale et s'acheminèrent vers leur pays natal, pour cultiver de leurs propres mains les quelques terres qui formaient les seuls débris de leur immense fortune. Ils se conduisirent avec tant de résignation et de sagesse qu'ils s'attirèrent l'estime de tout le monde. Il n'est pas deux familles dans le village qui le soir ne prient pour eux.

Deuxième Édition,

PRIX.

L'Ouvrage complet, un joli volume in-8°, contenant, savoir :

1° Le Manuel explicatif, c'est-à-dire, l'exposé du système et du plan général, quelques mots d'avertissement au maître, un essai d'explication, en forme et de cours pratique et de questionnaire, quelques observations détachées, enfin, outre la table des matières placée en tête de l'ouvrage, un vocabulaire raisonné, pouvant servir tant de résumé que de table alphabétique;

2° Le Tabellaire ou Atlas divisé en deux parties, dont chacune divisée elle-même en séries de dix pages, et terminé par un grand Tableau résumé;

	f.	c.
Plus un petit Tableau régulateur ou curseur à jours, sur papier carton, séparé.	4	75

Le Tabellaire séparé et mis in-folio-plano, pour être affiché dans les classes sur fort carton ou sur bois, 16 feuilles grand-raisin; avec un semblable Curseur découpé.	4	75
Le Manuel pratique à l'usage des élèves, un volume grand in-18, savoir :		
Les dix exemplaires brochés, avec le onzième en sus.	5	»
Les onze-dix exemplaires cartonnés.	6	75
La seizième feuille du Tabellaire in-plano, contenant à elle seule un résumé général des règles de la lecture et de la prononciation; prise séparément.	1	»
Le Curseur à jours, pris séparément.	»	50

Pour éviter autant que possible des frais de port aux souscripteurs, on les prie d'indiquer par quelle voie ils désirent recevoir l'ouvrage.

Les lettres de demande de plus d'un exemplaire in-8° ou in-folio-plano, et de plus d'une dizaine de l'in-18, n'ont pas besoin d'être affranchies.

Toute demande d'au moins six exemplaires in-8° ou in-folio-plano, ou de six dizaines in-18, sera servie franco.

AVIS AUX INSTITUTEURS. — Quoique ce Tabellaire soit composé de seize Tableaux, on peut n'avoir que huit cartons (ou huit planches), en collant les Tableaux de la deuxième partie derrière ceux de la première.

NISMES. — Typ. BALLIVET et FABRE, rue de l'Hôtel-de-Ville, 11.

www.ingramcontent.com/pod-product-compliance
Ingram Content Group UK Ltd.
Pitfield, Milton Keynes, MK11 3LW, UK
UKHW020414220726
13923UKWH00004B/1935